パンに合う家のごはん

堀井和子

文化出版局

目次

家で食べるごはんは 4
大学生の時に味わったフランスの家庭料理 6
家のパンと料理の味を覚えていてくれたら 8
人を招いた日に焼くのは田舎パン、
トーストしてもとびきり 10
チーズと食べるときに焼く丸パン 12
くるみと文旦マーマレード入り丸パン
＋プチブリー
春の野菜で 14
菜の花と新玉ねぎとかぶのサラダ 26
半つぶしが、おやっ？と新鮮 16
グリーンピースと
スクランブルエッグのサラダ 27

たけのことメークインを煮込む 34
鶏骨つき肉のコック・オ・ヴァン風 29
ホースラディッシュの辛みを味わいたくて 36
ローストビーフ＆グレイヴィーソース、
ホースラディッシュ 30
さつまいもとじゃがいものカリカリソテー 31
ごく小さいプリンスメロンのオードヴル 38
メロンのポルト酒風味＋バゲット
白まいたけの香りを生かして 40
木綿豆腐と白まいたけのいり豆腐 31
じわっと気長に炒めて、半熟ゆで卵と食べる 42
新玉ねぎとじゃがいもの蒸し焼き＋半熟ゆで卵 32
文旦マーマレードの香りのティータイム 44
文旦マーマレードとバター入りふんわりパン 46
種子島粗糖 45

懐かしくて、おいしい枝豆と新玉ねぎ入り 18
チキンマカロニサラダ 28
田舎パンのトーストにさっとぬって 20
プチトマトとにんにくオリーヴ油のソース
シンプルなグリーンサラダといっても、
葉っぱはいろいろ 22
マロンレタス、セルヴァチコ、チャイヴ、
新玉ねぎのサラダ 26
最近、気に入っている24か月熟成チーズ 24
グリーンオリーヴ 33

野菜のソースにはまる 48
牛すね肉とプチトマト、
新玉ねぎの赤ワイン煮込み 65
マッシュポテト 66
バゲットはガス火でトーストして 50
なすのキャヴィア風 66
コート・デュ・ローヌの赤ワインと 52
鴨のはちみつみそ漬け焼き
かぼす、白髪ねぎ添え 67

骨つきのラムチョップって、
どうしてこんなにおいしいの 54
ラムチョップのグリル 68
メークインのドーフィノワ 68
目玉焼きの黄身をソースにして 56
かぼちゃととうもろこし、赤ピーマン、
トマトの蒸し煮＋目玉焼き 69
桃が届いたので、
ロワールの赤ワインと田舎パンと 58
にんじんサラダのオードヴル 70
牛すね肉のポトフ風グリーンソース添え 71
ババ・オ・ロム（サヴァラン）生クリームの
シャンティイ、フレッシュブルーベリー添え 72
ライムとピリッと辛いアリサを添えて 62
鶏ひき肉のケフタ風 105

くるみ入り田舎パンといちじくの組合せ 80
いちじくのコンフィチュール 81
冷やした白ワインと一緒に 82
桜えびとサラダごぼうのオリーヴ油がけ 106
シンプルなメニューがごちそうになる 84
紫玉ねぎとメークインのグリル
＋ゆで卵マヨネーズ 109
目の覚めるようなバジルの香り 86
スープ・オ・ピストゥ風夏野菜の蒸し煮 110
フォワ・グラでなくても試してみたい 88
鶏レヴァーのソテーと小玉ねぎのグラッセ、
くるみ入りサラダ 111
今年は上出来 90
甘夏柑マーマレード

赤ワインを加えて煮直した、にしんの棒煮 64
骨つきハム、スモークハム＆いちじく 73
やさしい味のソースであえて 74
いちじくとくるみとセロリの
シャンパンヴィネグレットあえ 106
思い出の味 76
昔風ヴィシソワーズ 107
トーストしたパンの香りを楽しむ 78
フロマージュブラン＆いちじくの
コンフィチュール＋シナモンスティック 108

すだちとヴァージンオリーヴ油で 92
かじきまぐろのグリル
＋香菜、アヴォカド、トマトのサラダ 112
小さなグラタン皿で 94
なすとトマトのグラタン 113
テーブルクロスの使い方 96
トレイは大活躍 97
お正月だって朝食は家のパン 98
食事のときに食べるなら 100
ライ麦粉入り田舎パン 102
皮が主役の文旦マーマレードと
田舎パンのトースト 104

家で食べるごはんは

　家で食べるごはんは、外のレストランで食べるごはんとは違っていていいと思うようになった。きちんとした立派なレストランに出かけたら、普段なかなかお目にかかれないような、珍しい高級な食材を使ってあって、シェフのプロフェッショナルな技術で完成するデリケートなソースや華やかな付合せを、給仕の人のエレガントなサーヴィスで味わえる。例えば、メインの料理は、塩加減、焼き加減も絶妙の状態で、ソースや野菜の付合せ数種類が、とびきりあつあつで目の前に運ばれる。一緒のテーブルの人それぞれが違う料理を注文していても、同時にサーヴされる。
　技術の点はおいておいても、家で一人で作っていたら、皆同じ料理でも、相当ハードルは高いのではないだろうか。塩加減、焼き加減は好きな料理を何回も繰り返し作っているうちに、わが家の味に仕上げる勘がつかめてくる。あつあつで出したいなら、品数や付合せを無理しない。あるいはポットローストのように一呼吸おいて切り分ける料理にして、その間にソースや付合せを仕上げられるようにする。
　シンプルなメニュー構成でも、一品一品おいしく食べたいと思って作ったら、それはわが家のごちそうの記憶になると思う。背伸びや無理をしないで、家庭で食べるおいしい料理を目指してみる。
　大学生のころ、フランスの家庭にホームステイして毎日出された料理のスケッチノートが、今の私の教科書のように感じる。毎日食べても飽きない、胃腸にもやさしくて、健康のことも考えられる料理を、素直においしいなぁと思える味で繰り返していく。その家その家で、どういうおいしさを大事にするかを選んで工夫したらいいのだ。
　家だったら、焼き上げたパンもおいしく感じる組合せのメニューにして、デザートまで食べて、ちょうどいいおなかぐあいにしたい。人を招いた日の食事も、私はちゃんと皆と同じ量をしっかり食べる。ちゃんと食べてみないと全体の構成が重いか軽いか、味が濃いか薄いかなどのバランスがつかめないし、何より自分で作ってはいるのだけれど、今日の料理の仕上りにどきどきして、早く食べてみたくてたまらなくなるのだ。
　昨年、散歩の途中で粋な花屋さんを見つけたので、週末、時々ばらを買って帰るようになった。初夏にシャンパン色とクリームホワイトのばらにライラックの枝を合わせたり、オレンジ系のピンクの一重に、別のピンクのオールドローズを選んだり、ミルクティーみたいなシックな色のばらを１本だけにしたり。
　ダイニングの奥のアクリルの小さい額には、姪が描いた鉛筆画を入れてあるが、大きな額に最近、淡く上品なプラチナシルヴァーで印刷したポスターを入れた。絵やポスターで、テーブルのまわりの空気がぐっと違ってくるのだ。わが家のテーブルでのおいしい記憶には、こういういろいろがすごく大事なのだ。

大学生の時に味わったフランスの家庭料理

大学生の時、フランス北西部ブルターニュ地方の家庭に3週間ホームステイしたことがあった。フランス人が日常、家庭で食べている料理は、当時、私が思い描いたものより、ずっとあっさりしていて、毎日食べても、胃に重たいということもなく、とにかく生き生きしたおいしさだった。

1974年6月末の1週間、お昼が正餐でそのメインの料理は、1日目はポトフ、2日目は豚肉のローストにポム・フリット（フライドポテト）、3日目は魚のトマトグラタン、4日目はゆでたじゃがいもを添えたローストビーフ、5日目は子牛のエスカロップにシャンピニョンソース、6日目はたらのグリル、7日目は子牛骨つき肉のラグー（煮込み）。ご主人が焼きたてのバゲットを買って会社から帰り、子どもたちも一緒に時間をかけて食事をとり、再び職場や学校へ戻っていくスタイルだった。お昼はこんなふうにごちそうが出て、夕食は残ったローストの肉とコルニション（きゅうりや小玉ねぎのピクルス）などの冷たい盛合せの一皿に、野菜のポタージュ、ヴィネグレットソースであえた野菜、シャルキュトゥリー（豚肉製品も置くお惣菜屋さん）で買ったパテやさばのからしソースなどで簡単にすませる。

週に1日はポトフの日があって、1～2日は隣の街で魚の市が立つので、魚介のメニューに決まっていた。

ホームステイした家庭だけではなく、泊まったパリやアルザスの修道院や夏休み中の大学生の寮でも同じように、ごく家庭的なフランス料理を食べることができた。

20代初めの私は、フランス人が毎日食べているような料理を好きだなぁと素直に感じた。記憶の中に、フランス料理として、レストランの凝った料理とは別の、シンプルでストレートな家庭料理が強く印象に残されたと思う。

年を重ねて、自分たちの好きな味を知り、季節の旬の材料を待ちわびて大事に味わう料理を食べたくなった今、昔のメニュー日記を開いては、フランス人が日常繰り返し作っている組合せを少しずつわが家で試している。

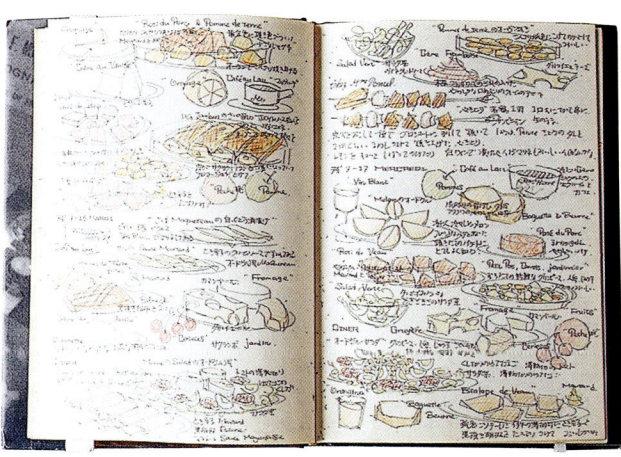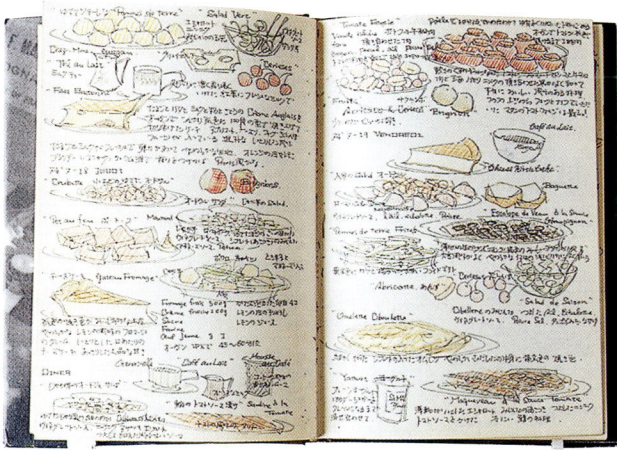

家のパンと料理の味を覚えていてくれたら

　4月初めの月曜日、お昼に大事なお客さまがあるので、11時ごろ、田舎パンを焼き上げた。ちょうど室温に冷めたくらいのところを、食べる前に切り分けたかったのだ。メニューは、グリーンピースの半つぶしとスクランブルエッグのサラダ、ポットローストポーク、エメンタールとマリボーチーズ、いちごのセミフローズンアイスクリーム。わが家で人を招いての昼食、夕食のときは、3〜4時間前に生地をこねて、田舎パンを食事30分前くらいに焼いておくことが多い。田舎パンならばなんとかほかのメニューの準備をしながら作れる。

　ポットローストポークは、黒豚ももののかたまり肉をにんにく、新玉ねぎと蒸し焼きにして、肉を取り出した後、新玉ねぎがあめ色になるまで煮つめて、ソースを作って添える。デザートは食べる4時間くらい前に、プレーンヨーグルトとヴァニラアイスクリーム、フレッシュないちごたっぷりをフードプロセッサーで攪拌し、甘さをみて砂糖を少し加え、もう一度混ぜてフリーザーへ移す。途中2〜3回、全体をかき混ぜておく。かたまりかけのシャーベットアイスクリーム状でサーヴする。いちごをたっぷり使って、完璧に冷やし固めると、口あたりがかたくなってしまうのだけれど、固まりかけでお客さまに出せれば、こんなに贅沢ないちごの風味のアイスクリームはないというくらい美味だと思う。

　シンプルで家庭的なメニューだけれど、こんなふうに食べたらおいしいということを伝えたくて、タイミングもずらさないように一生懸命段取りを考えて、いつもより緊張しながらサーヴした。

　春休みの平日の大事なお客さまは、中学3年と1年になった姪たち。私が焼いているパンは実は、おいしいなぁと気に入った焼上りになるまで何年か繰り返し焼き続けないと、その人の焼き方、その人の味にならないタイプなのだ。でも、食いしん坊の人なら風味を記憶して、またあのパンが食べたいと思ったときに、舌の記憶を頼りに焼いてみるかもしれない。私もそういう食いしん坊だった。習って覚えるより、食べて、本を自分で探して、大体の作り方を確かめて、試行錯誤しながら、その時おいしいと思った味に近づくようにやってみることが多かった。

　家には子どもがいない。こんなふうに作るんだよと、パンや料理を教えるなんて考えたことがなかった。気ままに一緒に作ることはあったけれど。頭のどこかで、家のパンと料理の味を覚えていて、いつか誰かが思い出して焼きはじめたり、作ったりしてくれたらいいなぁと、ふと思ってしまったのだ。

　姪たちは、家の田舎パンを気に入ってくれたらしい。誰から褒められるより、姪たちが気に入ってくれたことが、誇らしいような気がする。

人を招いた日に焼くのは田舎パン、
トーストしてもとびきり

いつもは小さい丸パンを楽しんでいるけれど、気に入ってよく焼くのが田舎パンで、大きな丸い形にして、濃いこげ茶色にしっかり焼き上げると、外の皮がとびきり香ばしくなる。焼き網でお餅を焼いたとき、焦げ目がつくころの香ばしいにおいを思い浮かべてほしい。まわりに軽く上新粉をまぶして焼くからかもしれないが、この香ばしさが外側をおおっていて、切り分けると中はプワーッと弾力があって、発酵したパン生地の奥行きのあるいい香りがふわっとあたりに漂いはじめる。大きな田舎パンは、包容力みたいなこの弾力と、のびのある香りが力強い。蒸気注入しないタイプだけれど、粉のたくましい風味をかなり引き出せるパンなのではないかと思う。家では田舎パンと呼んでいるけれど、ライ麦粉を配合しないで、強力粉（カメリア）だけで作ることが多い。

人を招いた日、料理の準備をしながら並行して焼けるのも田舎パンで、小さい丸パンより発酵時間はかかるが、手間がかからないし、気が抜けないという過程が少ない。そして、大きな田舎パンを目の前で切り分けるとき、しょっちゅう焼いていても、いつもなんだかどきどきしてうれしいから。

切り分けて冷凍しておくと、急いでいるときは、このままトースターに入れて、きつね色にトーストすれば2分ちょっとで食べられる。焼きたてに近い感じにふんわりもどしたいときは、10〜15分自然解凍してから100℃のオーヴンで3〜4分温める。カリッと、いや、ただのカリッとより、もっと歯ごたえがある。香ばしさが食パンよりさらに際立って、味わっているうちに田舎パンのトーストはやみつきになってしまう。一人のお昼にも、ミルクティーやサラダと田舎パンのトーストを2枚食べる。バターをぬっただけで、おいしい。シンプルな昼食なのに、外で食べるより家に帰ってトーストを食べたいと、たいてい家路を急ぐ。仕事のスケジュールもお昼にかからない時間帯を選ぶ工夫をしてみる。オフで、友達とゆっくりおしゃべりしながらの外ごはんは、もちろん別だけれど。

チーズと食べるときに焼く丸パン
くるみと文旦マーマレード入り丸パン＋プチブリー

今年も３月初めにカメラマンの公文さんから土佐の文旦を送っていただいて、その週は１日おきくらいに１年分のわが家の文旦マーマレードを煮た。文旦マーマレードのすがすがしい香りとほろ苦さは、マーマレードの中でも際立ったおいしさで、家のパンの、とりわけトーストしたパンの香ばしさとものすごくよく合う。

白かびタイプのブリーやカマンベール、フレッシュタイプのブルサンのナチュール、リコッタなどのチーズと食べるときのために、文旦マーマレードとくるみを混ぜてこねた生地で小さい丸パンを焼く。チーズのためのパンはほかに、カランツや干しプルーン、干しいちじくなどを加えて作る。カランツはコニャックに漬けておいたものを、ペーパータオルでしっかり水分を取って生地に混ぜて使い、干しプルーンや干しいちじくは細かく切り分けて、一次発酵の後、成形するときに生地に包み込んで使う。文旦マーマレードとくるみ入りは、わが家のパンの中でも特別なヴァリエーションだけれど、文旦マーマレードが大好きな私は贔屓して、ティータイムブレッドやチーズのためのパンにあれこれ使ってみているのだ。

強力粉500ｇの配合で、塩は控えめにする。文旦マーマレードの主に皮の部分を細かく包丁でたたいておいたもの大さじ１½と、殻つきくるみ12個分の実を粗く砕いたものを、粉½量と塩を加えるときに一緒に混ぜてこねる。夏場はちょっとべたつくかもしれない。おすすめは文旦マーマレードを煮た後の、３月後半から４月初めの時期。低めの温度（室温）で一次発酵に１時間20〜30分かけると、いい発酵をして、とびきりのこしとふんわりした弾力のパンに仕上がる。丸いパンを24個作って、室温に冷めたところで冷凍しておく。

例えば週末の夕ごはんのとき、初めは田舎パンやクッペを出して、オードヴル、メインと進める。食事を始めるころ、くるみと文旦マーマレード入りの丸パンをフリーザーから出し、自然解凍しておく。食後のチーズを出すとき、100℃のオーヴンで３〜４分温めたら、焼きたてに近いおいしさでいただける。

朝食のためのシンプルなパンとは違う、変化球の魅力は、ピンポイントで楽しむといいと思う。

丸パン作りは102ページを参照。ただし、プロセス８では生地を24個に分けて丸める。９では12〜13分おき、11では丸め直して上新粉をまぶす。12では35〜40分発酵させる。文旦マーマレードは90ページと同様に作る。

春の野菜で
菜の花と新玉ねぎとかぶのサラダ

2月後半から4月ごろまで、新鮮な菜の花が入荷していると必ず買って帰り、おひたしにしてすりごまをたっぷりふったり、サラダやあえ物に使ったりして、ほろ苦くてこくのある味とさわやかな香りを楽しむ。菜の花独特のこくは、新鮮な葉と茎、蕾(つぼみ)のものでないと、あくを感じるせいか、あと口がすっきりしない。春先の、生き生きとした緑のおいしいうちに味わっておかなくちゃと、せっせと買ってしまうのかもしれない。

春になって出回る白かぶもみずみずしくて甘く、きめが細かくなめらかな口あたり。ごく薄切りにしてヴィネグレットソースをかけただけで、とてもおいしいシンプルなサラダになる。この時季の白かぶを食べると、やっぱり、こういう口あたりは春のごちそうだなぁと思う。

新玉ねぎとプチトマトは先にドレッシングとあえて、味をなじませておき、菜の花とかぶをさっとあえる。ちょっと色はつくが、バルサミコヴィネガーとヴァージンオリーヴ油のヴィネグレットソースであえて、全体が合わさったところを口へ運ぶ。

菜の花と新玉ねぎとかぶのサラダ　RECIPE PAGE 26

半つぶしが、おやっ？と新鮮
グリーンピースとスクランブルエッグのサラダ

最近、ゆでたグリーンピースをすりこぎで半分くらいつぶして、グリーンピース料理に使っている。ゆでたグリーンピースをサラダに混ぜても、マセドワーヌサラダのようにマヨネーズであえれば大丈夫だけれど、さらっとしたヴィネグレットソースであえただけだと、フォークからポロポロこぼれ落ちて食べにくい。半分粗くつぶれたくらいのグリーンピースは、初夏の豆らしい香りがふわっと立って、スクランブルエッグやスライスオニオンと親しげにつながって、その魅力を主張する。フランスパン風に焼いたクッペにバターをぬって、パリッとほろ苦い葉を敷き、グリーンピースの半つぶしとスクランブルエッグをのせて、大きく口を開けてほおばると、この季節ならではの青豆の風味にぐっときてしまうのだ。

半つぶしのグリーンピースと塩を混ぜて炊いたご飯も、丸のまま炊いたときとは違った気取らない笑顔みたいなおいしさで、若鶏のクリーム煮込みなどに添えても合う。いつものじゃがいもやマカロニサラダに加えても、おやっ？と新鮮に感じる歯ざわりと香りの一品になる。

時々、外へ飛び出すこともあるが、グリーンピースをすりこぎの先でつくようにつぶすプロセスも、やっているとなんだか愉快で、私は気に入っているのかもしれない。裏ごしでこしたり、フードプロセッサーで粉砕したりするより、のどかで、後かたづけも楽でうれしい。

わが家では米酢、千鳥酢のほか、赤ワインヴィネガー、バルサミコヴィネガー、シャンパンヴィネガーを常備していて、色をつけたくないサラダのときは米酢かシャンパンヴィネガーを使っている（白ワインヴィネガーは持っていないので、ここでもシャンパンヴィネガーを使用）。少し色づくが、バルサミコヴィネガーと米酢を合わせて作るヴィネグレットソースもおいしいので気に入っている。

懐かしくて、おいしい枝豆と新玉ねぎ入り
チキンマカロニサラダ

マカロニが入っているけれど、ごまつきハードロールや丸パンによく合うし、ご飯にも合うと思う。新玉ねぎや谷中しょうが、みょうが、枝豆など、初夏から夏にかけて大好きな野菜や薬味をたっぷり使って作る。

ドレッシングはマイユの粒マスタードが入っていた小さい瓶に材料を入れて、振って使っている。サラダ油は軽めのキャノーラ油を使っていて、もうちょっとこくを加えたいときは、和風ドレッシングと別にヴァージンオリーヴ油を回しかけてあえるようにしている。好みでマヨネーズ大さじ1〜2を最後に加えて混ぜ合わせてもおいしい。

マリメッコのロッキという柄はマイヤ・イソラのデザイン。初夏、新緑のころ、ガラス戸の内側のテーブルにかけたくなる。だいぶ洗いざらして、緑と白の色合いがすーっとさわやかに落ち着いてきた。近ごろのテキスタイルは染料や生地が変わってきたからか、なかなか色があせたりしなくなったけれど、洗濯して乾かしてと繰り返すうちに何年かたつと、生地の表面が少しだけふわっとかすれるように粗くなって、色が軽く感じられる。

こんなふうに軽い色合いになったテーブルクロスは、どんな食器、料理をのせても、自然になじんでしっくり組み合わさる。

さり気ない細かい格子が外側に入ったガラスボウルは、サラ・ホペアがデザインしたもの。家に2〜3人分のサラダを入れるガラスボウルはいくつかあるのだけれど、グリーンの葉っぱのサラダはこれ、オードヴルのサラダならこれ、気取らないおかずタイプのサラダはこれと、お決まりの組合せもできてきた。何を盛りつけても合う器もあるし、特別な相性で個性的に合う器もあって、選ぶのが楽しい。サラ・ホペアのガラスボウルは、マカロニやじゃがいもの入った家庭的なサラダも、とてもおいしそうに引き立ててくれる。

チキンマカロニサラダ　RECIPE PAGE 28

田舎パンのトーストにさっとぬって
プチトマトとにんにくオリーヴ油のソース

プチトマト 7 〜 8 個は一つを 4 〜 5 等分に切って、粗塩ひとつまみ、ヴァージンオリーヴ油大さじ 1 をなじませておく。にんにく ½ かけは薄く切って、オリーヴ油大さじ 1½ を入れた小鍋に入れ、薄く色づくまで鍋を揺すりながら弱火で熱する。プチトマトのほうにこのにんにくオイルを熱いまま加えて混ぜ合わせる。

田舎パンをこんがりトーストしたものに、このソースをのせて食べる。香ばしいパンにトマトの酸味、甘みと香りが移ったオリーヴ油がしみて、何気ないけれどおいしくて、ワインとことのほかよく合う。

わが家では、このソースをもっとたっぷりこしらえて（プチトマト20個くらいで）、ゆでたての熱いリングイーネをあえて食べている。しっかり煮込んで、プチトマトが煮くずれして一体化したあつあつトマトソースであえるか、このプチトマトとにんにくオリーヴ油であえるか、どちらも、いつ食べても素直においしいなぁと思うメニュー。リングイーネのまわりのでんぷんが（不思議なことにスパゲッティやスパゲッティーニではあまり感じられない）プチトマトとにんにくオリーヴ油にからまって、少しとろっとしたスープが出てきて、これがいい風味なのだ。田舎パンのトーストにぬっても、粉の香ばしさと合わさって、いいぐあいになじむんだろうと思う。

シンプルなグリーンサラダといっても、葉っぱはいろいろ
マロンレタス、セルヴァチコ、チャイヴ、新玉ねぎのサラダ

オードヴルに食べるサラダは、ツナのオイル漬けやオリーヴ、ゆで卵をあしらったニソワーズやにんじんサラダ、マセドワーヌサラダ（じゃがいもとにんじんのさいの目切り、グリーンピース、さやいんげん、白いんげん豆をマヨネーズソースであえる）、ビーツとベルギーチコリのサラダ、ゆでた魚介類や、ポトフ、ローストの肉をじゃがいも、チャイヴなどとあえたサラダなど。

メインの料理の後に食べるサラダは、シンプルなグリーンサラダのことが多い。フランスの家庭でもローストビーフやローストチキンの後に、スカロール（葉に切込みのない、広葉のエンダイヴ）とエシャロット（ベルギーエシャロット）のみじん切りをヴィネグレットソースであえたサラダがよく出された。チャイヴのみじん切りにつぶしたにんにくをきかせた、たんぽぽみたいな葉のサラダもほろ苦くておいしかった。シンプルなサラダだけれど、マダムは必ず、サーヴする直前に一生懸命あえていたので、ヴィネグレットのなじみぐあいも、まだパリッと冷たい葉っぱの歯ざわりも、粋だなぁと心を動かされていた。パリの修道院の寮で出されたサラダ菜とレタスのサラダも、つぶしたにんにくとエシャロットがきいていた。

マロンレタスは、当時フランスの家庭で食べたグリーンサラダの葉に近い、ややややわらかい歯ざわりで、懐かしさもあってよく使う。セルヴァチコはロケット（ルッコラ）の野生種（rucola selvatica）で、もう少しパリパリッとした歯ざわり、とがったぎざぎざの葉で同じようにほろ苦い味。例えば、うさぎみたいにバリバリ葉っぱを食べたいときは濃い緑のロメインレタスを、マーケットでチェックして葉先までみずみずしく新鮮だったら繊細な淡い緑のエンダイヴを選ぶ。緑で丸い葉のいわゆるサラダ菜も、オーソドックスだけれど味わい深い葉っぱだと思う。

基本は、シンプルなヴィネグレットソースであえる。気に入った風味のヴィネガーを何種類か買っておいて、材料との相性を考えながら、オイルと組み合わせる。エシャロットは手に入れにくいので、玉ねぎやチャイヴのみじん切りをちょっと加えることもあるが、新玉ねぎの時期にはこんなふうにスライスしてさらし、かたく絞って使うことが多い。

マロンレタス、セルヴァチコ、チャイヴ、新玉ねぎのサラダ

最近、気に入っている24か月熟成チーズ

セミハードタイプのチーズでは、エメンタールとマリボーが朝食のときの定番だったけれど、最近、気に入っているのが、24か月熟成のグリュイエールチーズ。パルミジャーノ・レッジャーノにちょっと似た乾いた舌ざわりと熟成したアミノ酸のこくを感じる。スライサーでごく薄く削っていただく。グリュイエールチーズは薄くスライスしたほうが香りが出てくるそうだが、24か月熟成のものは特にこくがあるので、薄いスライスがおすすめ。

フランスの家庭でも食後に必ず3種類くらいのチーズを出されたが、毎日いただいているうちにグリュイエールチーズのおいしさに開眼した。きっとあのころ食べていたのは、熟成したタイプのグリュイエールだったんじゃないだろうか。

グリュイエールチーズの若いものならアルザスやサヴォワの辛口の白ワイン、熟成したものにはヴァン・ジョーヌが合うと、以前ソムリエの方に伺ったことがある。薄く削ってパンと合いの手につまんでいると、いつまでもワインを飲み続けてしまいそうな気がする。

パンと食べるとおいしい

毎日、朝食は自家製パンとジャム、マーマレード、ミルクティー、季節の果物とチーズというメニューで、一年を通してほとんど変わらない。ウィークデーの夕ごはんは和食のことが多く、朝が早いからあまりお酒は飲まない。週末はがらっとスタイルを変える。気に入ったワインを開けて、のびのび、思いっきり夕ごはんの時間を楽しむ。家のパンがよりおいしく感じられるようなメニューを組み合わせて、一品ずつ作っては味わう。

シンプルなレシピでも、わが家のおいしい味になるように、ちょっとこだわる部分を見つける。こんがり焼けるまでじっくり時間をかける、一呼吸おいてミディアムになる焼き加減で、食べる直前に切り分けるなど。自分たちが好きな仕上りに近づけていく。パンと食べるとおいしいごはんは、こんなふうに少しずつ魅力的に展開していけたらと思う。

料理を始める前に
・計量の単位は、
大さじ1=15ml、小さじ1=5ml、1カップ=200ml。
・砂糖は上白糖、グラニュー糖、粗糖を使用。表記以外はお好みで。
・パン作りの作業は家のカウンターやテーブルで。パンマットのほか、キッチンクロスまたは薄手で目の詰まったふきんを用意。天板は26×26cmサイズを使用。

菜の花と新玉ねぎとかぶのサラダ

材料
菜の花　1束
新玉ねぎ　½個
プチトマト　10個
かぶ　大1個
A ｜バルサミコヴィネガー　大さじ1
　｜塩、黒こしょう　各少々
　｜ヴァージンオリーヴ油
　｜　大さじ2〜3

作り方
1　菜の花はさっとゆでて冷水にくぐらせ、水気を絞って3〜4cm長さに切る。
2　新玉ねぎは薄くスライスして冷水にさらし、水気をかたく絞る。プチトマトは一つを3〜4等分に切り分ける。かぶはごく薄く切る。
3　Aの材料を混ぜ合わせてドレッシングを作る。
4　新玉ねぎとプチトマトを3のドレッシングのうち適量であえ、菜の花とかぶをさっとあえる。

マロンレタス、セルヴァチコ、チャイヴ、新玉ねぎのサラダ

材料
マロンレタス　½個
セルヴァチコ　1束
チャイヴ　1束
新玉ねぎ　½個
　｜マヨネーズ　小さじ1
　｜シャンパンヴィネガー　大さじ1
A｜塩、黒こしょう　各少々
　｜辛口マスタード　小さじ¼
　｜ヴァージンオリーヴ油　大さじ3

作り方
1　サラダ用の葉は好みの種類を取り合わせる。洗って、よく水気をきっておく。チャイヴも洗って、水気を取り、2cm長さくらいに切る。新玉ねぎはごく薄くスライスして、冷水にさらし、水気をよくきる。ペーパータオルに包んでキュッと絞って使う。
2　Aの材料を小さなガラス瓶に入れて、振っておく。
3　食べる直前に1を2のドレッシングのうち適量であえる。

グリーンピースと
スクランブルエッグのサラダ

材料
グリーンピース　1¼カップ
新玉ねぎ　¼個
クレソン　½束
セルヴァチコ（またはロケット）　½束
A｜バルサミコヴィネガー＋米酢または
　｜　シャンパンヴィネガー　小さじ2
　｜塩、黒こしょう　各少々
　｜ヴァージンオリーヴ油　大さじ2
マヨネーズ　約大さじ1
〈スクランブルエッグ〉
卵　2個
塩、黒こしょう　各少々
サラダ油　大さじ1

作り方
1　新玉ねぎは薄くスライスして冷水にさらし、水気をかたく絞って、マヨネーズとAのドレッシング少量であえる。
2　クレソンとセルヴァチコは洗って、水気をきり、食べやすくちぎる。
3　グリーンピースはゆでて水をきってから、ボウルに移し、すりこぎで半分くらい粗くつぶす。
4　卵をときほぐして、塩、黒こしょうを混ぜる。サラダ油を熱してやわらかめのスクランブルエッグを作る。
5　2のクレソンとセルヴァチコをAのドレッシング少量であえる。その上に3の半つぶしのグリーンピース、1の新玉ねぎ、4のスクランブルエッグを盛る。

チキンマカロニサラダ

材料
鶏もも肉　大1枚
水　適量
日本酒　大さじ3
黒こしょう　少々
〈和風ドレッシング〉
酢　大さじ1
塩　少々
しょうゆ　大さじ1
サラダ油　大さじ2

新玉ねぎ　大1個
谷中しょうが　3本
みょうが　1個
枝豆(ゆでてさやから出した豆)
　1カップ
マカロニ　100g
黒こしょう　少々

作り方
1　鶏もも肉はかぶるくらいの水と日本酒、黒こしょうを沸騰させた中に入れてゆでる。上下を返して、火が通るまで(串を刺して透明な汁が出てくるまで)ゆで、ゆで汁につけたまま鍋ごと冷水につけて冷ます。
2　1の鶏肉が冷めたら、ボウルなどに移し、ゆで汁につけたまま冷蔵庫で冷やしておく。
3　新玉ねぎはごく薄くスライスして、冷水にさらし、かたく水気を絞る。谷中しょうが、みょうがは薄く刻み、さっと冷水につけて水気を絞る(辛みを少し取る)。
4　和風ドレッシングの材料を混ぜ合わせる。
5　マカロニは袋の表示どおりゆでて、一度冷水で冷やしてから、ざるに上げて水気をよくきる。
6　2の鶏肉を取り出し、薄くスライスする。
7　3、5、6と枝豆を4のドレッシング適量であえる。黒こしょうも加えて混ぜる。

鶏骨つき肉の
コック・オ・ヴァン風

材料
鶏骨つきもも肉（大きめのぶつ切り）
　600g
ゆでたけのこ　大1本
じゃがいも（メークイン）　4個
サラダ油　大さじ2
薄力粉　適量
にんにく　1かけ
新玉ねぎ　2個
赤ワイン　250ml
鶏ガラスープ　200ml
塩、黒こしょう　各少々
木の芽　適量

作り方
1　新玉ねぎは粗く刻む。にんにくはたたきつぶす。たけのこは食べやすく切り分ける。じゃがいもは皮をむく。
2　鍋にサラダ油を熱し、薄く薄力粉をまぶした鶏肉を入れて、両面きつね色に焼き色をつける。1の新玉ねぎ、にんにくを加えて、さらに少し炒める。
3　赤ワイン、鶏ガラスープ、塩、黒こしょう、たけのこを加え、水を材料がかぶるくらいまで足して、ペーパータオルで紙ぶたをして煮立つまでは強火、煮立ってからはコトコト弱火で1時間半〜2時間煮込む。1のじゃがいもも途中で加え、じっくり煮込む。
4　でき上がった煮込みを深皿に盛り、てのひらを合わせた中でポンとたたいた木の芽を上にあしらう。
memo
鶏骨つきもも肉は大きめのぶつ切りがいいが、切っていないものの場合は人数に合わせて切り分ける。

PHOTO PAGE 35

ローストビーフ＆グレイヴィーソース、ホースラディッシュ

材料
牛もも肉(かたまり)　300g
粗塩　少々
黒こしょう　少々
サラダ油　大さじ1
にんにく　1かけ
玉ねぎ　½個
にんじん　⅓本
タイム　少々
ホースラディッシュ　1かけ
クレソン　1束

作り方
1　牛もも肉はかたまりのまま、粗塩と黒こしょうを全体にすり込んでしばらくおく。
2　牛肉に合うサイズの厚手の鍋にサラダ油を熱し、1の牛肉の外側を向きを変えながら全部の面にしっかり焼き色をつける。ここにたたきつぶしたにんにく、薄切りにした玉ねぎとにんじん、タイムを加え、ふたをして弱火で蒸し焼きにする。野菜から水分が出てきて、あめ色に少し焦げるくらいで、肉の中がミディアムレアに仕上がるように、火加減、焼き時間を調整する。
3　牛肉を取り出し、野菜をさらにキャラメル色にこんがりソテーしてから、ひたひたくらいの水を加え、6～7分煮つめてソースにする(家ではにんじんとにんにくは除くが、玉ねぎは一緒にソースとして添えている)。
4　ホースラディッシュをすりおろす。クレソンは洗って水気をきる。
5　3のソースが仕上がったら、一呼吸おいて肉汁が出なくなったポットローストビーフを切り分ける。グレイヴィーソース、ホースラディッシュ、クレソンを添えてサーヴする。

さつまいもとじゃがいもの カリカリソテー

材料
さつまいも　大1本
じゃがいも　3個
サラダ油　適量
粗塩、黒こしょう　各少々

作り方
1　さつまいもは洗って、皮つきのまま1.5cm厚さの輪切り。直径が大きい場合はさらに半月に切っておく。じゃがいもは皮をむいて乱切りにする。
2　厚手の鍋かスキレットにサラダ油を熱し、1のいもを入れてふたをしないで、火が通ってほっこりするまで弱火で焼く。途中、塩を加え、鍋底にいものでんぷんが焼きついたら木べらでこそげながら、気長にじっくり焼き上げる。仕上げに塩、黒こしょうで味を調えて、あつあつをローストビーフに添える。

木綿豆腐と白まいたけの いり豆腐

材料
木綿豆腐　1丁
白まいたけ　1パック
塩、黒こしょう　各少々
しょうゆ　少々
卵　1個
サラダ油　大さじ1

作り方
1　木綿豆腐はペーパータオルではさみ、上に重しをして30～40分水気をきっておく。
2　白まいたけはさっと洗って水気をふき、指先で食べやすくさく。
3　鍋にサラダ油を熱し、2を炒め、次に1を加えて、木べらでしばらく炒める。塩で味をつけ、しょうゆは香りをつける程度に落とし、黒こしょうもふる。
4　3がグツグツ熱くなったら、ときほぐした卵を回し入れ、煮汁も一緒に卵でまとめるようにして仕上げる。器に盛って、黒こしょうをふる。

PHOTO PAGE 37　　　　　　　PHOTO PAGE 41

新玉ねぎとじゃがいもの蒸し焼き ＋半熟ゆで卵

材料
新玉ねぎ　1個
じゃがいも　小3個
サラダ油　大さじ1½
塩、黒こしょう　各少々

卵　1人あたり1個
パセリ（みじん切り）　約大さじ2

作り方
1　新玉ねぎは5mm幅くらいの輪切りにする。じゃがいもは皮をむいて乱切りにする。
2　厚手の鍋にサラダ油を熱し、初めに1の玉ねぎを入れて炒める。透き通ってきたらじゃがいもも加え、塩、こしょうして、弱火で木べらで底を返しながら玉ねぎがあめ色になり、じゃがいもにほっくり火が通るまで気長に炒め煮にする。途中、いったんふたをぴったりして蒸し焼きのようにして、終りのほうで色づいてきたら、絶えず木べらで混ぜながら仕上げる。
3　半熟ゆで卵を作る。家では沸騰してから弱火で4〜5分ゆでたくらいの半熟にしている。
4　でき上がった2の上に殻をむいた半熟ゆで卵をのせ、パセリのみじん切りとこしょうをふる。好みでトーストした田舎パンにヴァージンオリーヴ油をさっとぬったものを添えて食べる。

memo
途中、鍋底が焦げるのを木べらでかき混ぜながら焼くのがポイント。あめ色に焦げた部分もおいしい。

グリーンオリーヴ

左はL'OULIBO "LUCQUES"。南フランスのラングドック地方のグリーンオリーブ（種入り）で、ほのかな甘みの中にナッツのこくを思わせる深い味わいがある。

右はMICHEL MONTIGNAC "Olives Picholines du GArd"。ミッシェル・モンティニャックのグリーンピコリーヌオリーヴ。プロヴァンスのみでとれるピコリーヌオリーヴは、やさしい香りと歯ごたえが特徴。塩分が控えめで、オリーヴの味がしっかり感じられる。

オリーヴは食事の初めにちょっとつまむことが多いので、気に入った風味の瓶入りを見つけると買い込んでおく。私は種入りで、ハーブやスパイスをあまりきかせないシンプルな漬け方の南仏産のものが好きだと思うことが多い。スペインのサン・セバスチャンのバールで出された、大小取り合わせたオリーヴの浅漬けが、とてもおいしかったので、スペイン産のものも何個か試してみたが、なかなかあの時のオリーヴのようなノレッシュな風味のものに出会えない。地元でだけ買える薄味のタイプなんだろうか。

手前に並べたのは、オリーヴをちょっと入れてサーヴするときの器。左から、カイ・フランクのガラス器、こげ茶色の文字入りのガラス器（イヴェントのときに作ったもの）、北欧のガラス皿、李朝の白磁碗。

たけのことメークインを煮込む
鶏骨つき肉のコック・オ・ヴァン風

ブルゴーニュ地方のレストランでコック・オ・ヴァンを食べたことがある。小玉ねぎとベーコンと骨つきの鶏は赤ワインでこっくり煮込んであって、一口味わうと、カラッと陽気な切れのいい風味でこくも渋みも心地よく、ブルゴーニュの赤ワインの魅力をしっかり吸収して輝いているような料理だった。その晩はサントネイの赤ワインを開けてもらったのだが、ワインを注いだ大きなカーヴのグラスに顔を近づけると、ふわーっと樽の底から湿気を含んだ空気が立ち上ってくるようで、その香りに驚いてしまった。それまで、こんなふうに香りが生きて時間を伝えてくるように感じたことがなかったと思う。

家では、骨つきの鶏と季節の日本の野菜を赤ワインであっさりめに煮込んだ気取らないタイプを作っている。秋なら、丸のままの蓮根と里芋、まいたけと煮込む。メークインもそうだけれど、蓮根も切り分けないでコトコト煮込むと煮くずれしにくいし、風味を逃さずに中身がほっこり薄味に仕上がっておいしい。蓮根は切り分けると、すーっと糸を引いてねっとりした口あたりになる。

主人の母が初夏によく作る、秋田の根曲り竹と比内鶏の煮物もたいそう深い味わい。比内鶏は1羽をさばいて胸肉、もも肉、レヴァー、砂肝などを買ってきて、根曲り竹と鶏ガラでとったスープ、昆布、日本酒、しょうゆで煮る。根曲り竹はごく細い小さなたけのこで、プキプキッとした歯ごたえとさわやかな香りが持ち味だが、皮をむいて下準備するのはなかなか手間がかかって大変だ。それでも、秋田の比内鶏の骨つきと根曲り竹でコック・オ・ヴァン風を作ると、いっそうおいしく仕上がりそうに思う。食いしん坊なフランス人にもぜひ食べさせてあげたいけれど、根曲り竹はとりたてをすぐに料理しないとそのデリケートな香りを失うから、秋田で作らなくちゃいけないメニューなのだ。

鶏骨つき肉のコック・オ・ヴァン風　RECIPE PAGE 29

ホースラディッシュの辛みを味わいたくて
ローストビーフ＆グレイヴィーソース、ホースラディッシュ さつまいもとじゃがいものカリカリソテー

ステーキには粒マスタードを添えるが、ローストビーフにはグレイヴィーソースをかけて、すりおろしたホースラディッシュをふわっとのせて口へ運ぶ。ホースラディッシュのヒリヒリッとした刺激がなんともエレガントにやってきて、その抜群のコンビネーションのとりこになってしまった。近ごろは、ホースラディッシュの辛みを味わいたくて、ステーキではなく、ポットローストビーフを選ぶことが多いのだ。

2人分だから、かたまり肉といっても300gくらい切ってもらうか、牛たたき用として用意されている肉を使う。ステーキのときもそうだけれど、さしが入っているような部位より、フランスの家庭で出されるような、あっさりめのもも肉で作ることが多い。肉がちょうど収まるくらいの（大きすぎると焦げてしまうので）ふたつき鍋に入れて、表面に焼き色をつけてから、玉ねぎやにんじんの水分で蒸し焼きにする。わが家のオーヴンはしょっちゅうパン焼きに必要なので、脂のにおいが庫内についてしまうと困る。このポットローストの作り方だと、気軽にいつでも作りたくなれるので、牛肉以外にも、豚肉や合い鴨など厚みのあるかたまり肉をふたつき鍋で焼いている。

ローストビーフに付け合わせるのが、皮つきのさつまいもとじゃがいものソテー。特に秋から冬にかけて、ほくっとおいしいさつまいもをじゃがいもに加え、気長に焼く。焼き方が味の決め手になるから、時間がかかるけれど、ここでがんばってみる。ふたはしない。底においもが張りついて焦げてくるので、濃いきつね色の部分を木べらで一生懸命こそげるようにして、そのカリカリの部分も一緒にサーヴする。ベタッとしないで、ほっこり焼けた中身とカリカリの香ばしい外側、さつまいもの甘さとじゃがいもの奥行きのある味が合わさるので、粗塩とこしょうだけでとびきりおいしい。

ローストビーフは一呼吸おいてから切り分けると、肉汁が外へ逃げずに、ひたっと肉片になじんだ状態の豊潤な一口が味わえる。

ローストビーフ&グレイヴィーソース、ホースラディッシュ　RECIPE PAGE 30
さつまいもとじゃがいものカリカリソテー　RECIPE PAGE 31

ごく小さいプリンスメロンのオードヴル
メロンのポルト酒風味＋バゲット

プリンスメロンは、あまり甘くなさそうで、ごく小さいものを探す。上下二つに切り分けて、中の種の部分をスプーンで丸く（小さめに）くりぬく。中にポルト酒を注ぐ。ごく小ぶり、小さめにと書いたのはちゃんと理由(わけ)がある。

6月終りの暑い日、ブルゴーニュ地方のボーヌのカフェで、お昼にムロン・ド・カヴァイヨン（オレンジ色の果肉のプロヴァンスのメロン）にポルト酒を注いだオードヴルをいただいた。ムロン・ド・カヴァイヨンは、日本のメロンの種類よりあっさりしているから、ポルト酒の甘さとこくを合わせた味を想像するより、ぐっと大人っぽくシックな風味を味わえる。赤ワインを飲みながら、たくましい粉の香りのバゲットにバターをぬって、一緒にスプーンで果肉を口へ運ぶと、陶然として、時間の流れ方が急にヴァカンスらしくなる。

プリンスメロンを切り分けて、オードヴルにパンと食べることは多いが、ポルト酒風味という場合、やはり、小さなサイズのものの半分がいい。スプーンでメロンの果肉をすくったときにポルト酒も少しかかった状態で味わうとちょうど。

切り分けた一切れにポルト酒をかけてもおいしくないし、甘くて大ぶりのメロンだと持て余してしまいがちで残念。という理由(わけ)でこのメニューは、甘くなくて、ごく小ぶりのプリンスメロンがあったときに試すことをおすすめしたい。

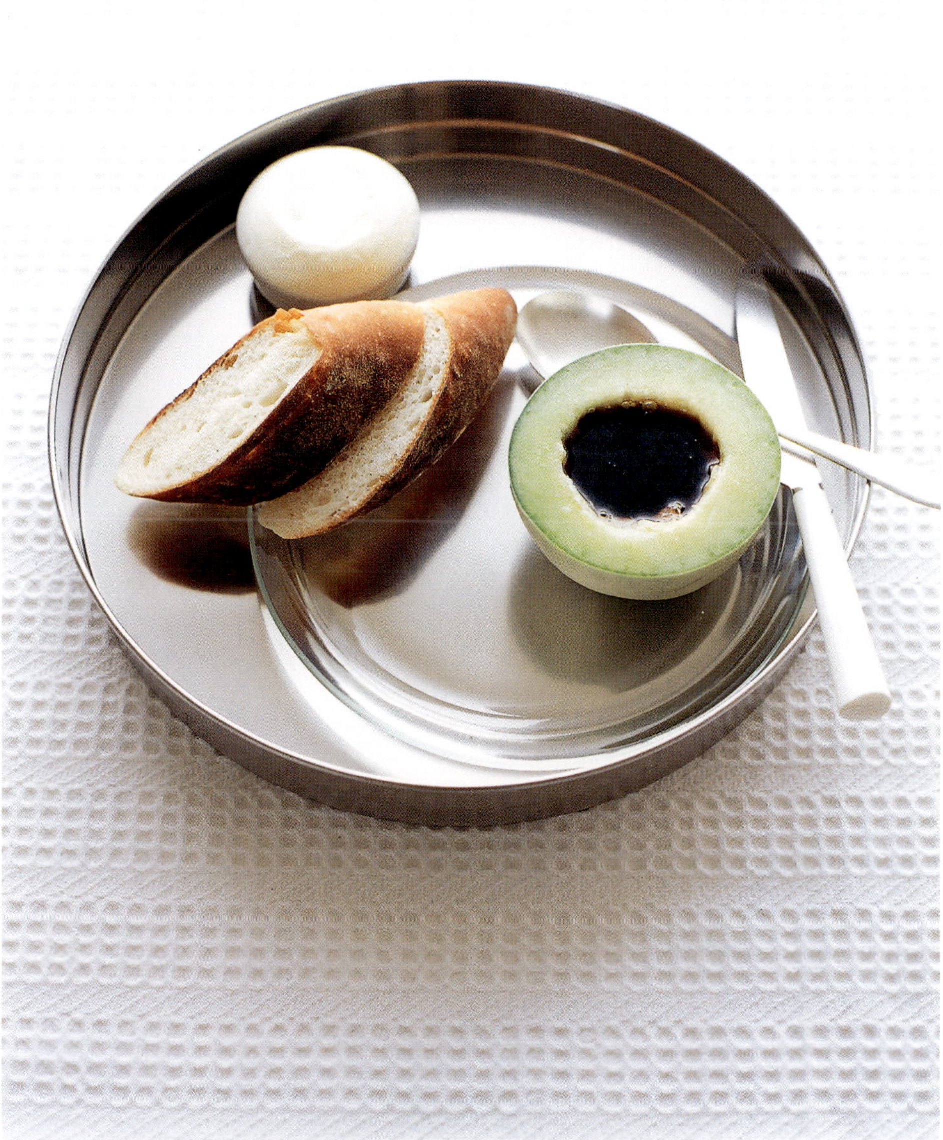

白まいたけの香りを生かして
木綿豆腐と白まいたけのいり豆腐

白まいたけは料理に使うと、すごくいいだしが出て、味に自然な奥行きが加わる。指先で引きはがすようにさいた白まいたけをかつお節でとっただしで煮てから、木綿豆腐と細ねぎを加えたみそ汁をよく作るが、きのこの上品なこくにはっとする。

いり豆腐では、白まいたけの香りを楽しみたいので、さらっと控えめなキャノーラ油を使っているが、太白ごま油でも。ほとんど塩だけで味を決める感じで、しょうゆは香りづけ程度に鍋肌からたらっと注いで仕上げる。まだ少し残っている煮汁を卵でふうわりまとめてしまう。

白ごまをたっぷりめにつけて焼いたイングリッシュマフィンや三日月ロール、ピタパンが合う。この一品、ふと見ると、生成りっぽい白で一体化していて目立たないけれど、一口食べると、白まいたけも豆腐もしっかり滋味が際立っている。

木綿豆腐と白まいたけのいり豆腐　RECIPE PAGE 31

じわっと気長に炒めて、半熟ゆで卵と食べる
新玉ねぎとじゃがいもの蒸し焼き＋半熟ゆで卵

じゃがいもは小さく切れば早く火が通るが、やや大きめのほうがほっくりした歯ごたえと味を楽しめる。東京で新玉ねぎが手に入る2月ごろから6月初めまで、じわっと奥行きのある新玉ねぎならではの甘みを引き出す料理に向かう。冬の玉ねぎとは別のおいしさがあって、今、新玉ねぎにちょっとはまっている。

このシンプルな一皿、ひたすら根気よく炒めていけばできるが、こんがりじわっとあめ色にとけそうな玉ねぎと、ほっくり香ばしいじゃがいもに半熟卵の黄身をソースにしてからめて口に運ぶと、素直においしいなぁと幸せな気分になる。

スピーディに作るなら別の方法が合理的だと思うが、ここで目指したいのは、こんがりじわっとあめ色の仕上りなので、ちょっとがんばる。木べらを手に鍋に付き添っているなんて、あまりに昔風のやり方だ。でも、大学生のころ憧れたような、昔風の家庭的なメニューが食べたくて、週末ゆっくり時間のあるときは無心に玉ねぎとじゃがいもを炒めてしまう。

新玉ねぎとじゃがいもの蒸し焼き＋半熟ゆで卵　RECIPE PAGE 32

文旦マーマレードの香りのティータイム
文旦マーマレードとバター入りふんわりパン

わが家のパンはバターや卵を加えないリーンな生地で作っている。このリーンな生地はこねていてもベタベタと指にくっついてくるし、丸める作業も湿度の高い季節はやりにくい。手早く、だましだまし、手粉を使わずに取り扱わなくてはいけないから、慣れるまでは大変だと思う。ところがバターを加えた生地は、生地の感触が全く違って、なめらかでしなやかで、指先にべたつくことがなく、作業がスムーズに進められる。それなら、なぜ大変な思いをして、バターの入らない生地で毎日のパンを焼くのかと不思議に感じるかもしれない。バターを入れた生地と入れない生地の両方のタイプのパンがあって、毎朝、食べるパンをフリーザーから出すとき、自然に手をのばすのが、バターを入れない生地のパンだった。弾力とこしの強さ、素直な皮の香ばしさが魅力的だからかもしれない。フランスのバゲットもそうだけれど、毎朝食べても飽きない。

朝食のパンは、こんなふうにシンプルなリーンなタイプだけれど、ティータイムにバターを入れたタイプを焼くことはある。いつものパン生地にバターを加えて焼くと、びっくりするほど口あたりがふんわりやわらかくなる。薄切りにして、生クリームをやわらかめに泡立てたものをたっぷりぬって、薄いきつね色にいったアーモンドの薄切りをのせて口へ運ぶ。焼き上げて室温に冷めたくらいで目の前で切り分けたら、贅沢なお茶の時間を楽しめる。

アーモンドの薄切りは、パン生地のまわりにつけて焼くと、取れてしまったり、先のほうが焦げてしまったりするので、別添えで香ばしさをプラスすることにした。

生クリーム120mlは砂糖大さじ1½、ダークラム酒大さじ1を加えて、七分立てくらいに泡立てる。薄切りのアーモンド大さじ4〜5は薄く色づくまでからいりする。パンには文旦マーマレードと砂糖（わが家ではきび砂糖の粗糖）が多めに入っているので、塩は控えめに配合した（甘いタイプのパンは、塩がきいてくどくなるので、やさしい味に仕上げる）。

種子島粗糖

家では、パンやお菓子を焼くときも、和風の煮物を作るときも、主に種子島粗糖（ナチュラルハウスで購入）を上白糖の代りに使っている。種子島産さとうきび100％をじか炊きして作られているそうで、グレイッシュなベージュ色、ややしっとり湿気を含んだような粗めの粒子の砂糖。甘みは控えめに感じられるが、さとうきびの素直なこくと香りが、奥行きのある風味に仕上げてくれる。

例えば、ジャムやマーマレードを煮るとき、文旦マーマレードのように澄んだ味と軽い黄色に仕上げたいときは、グラニュー糖だけで煮るが、いちごやあんずジャムの場合、グラニュー糖と種子島粗糖を合わせて煮ると、こっくりした深い味わいになる。グラニュー糖だけの場合と比べると、仕上り時にキャラメル状に焦げつきやすく、注意が必要だけれど、一度、この自然な深い香りとこくのジャムを味わうと、粗糖の配合を次第に増やしていきたくなる。売られているジャムの色より、ぐっとシックな色に仕上がるが、この色合いもとても魅力的で気に入っている。

　種子島粗糖とグラニュー糖のほか、黒みつや蒸しパンに使う黒砂糖、モンキーブレッドのためのブラウンシュガー、和三盆糖なども買ってある。

文旦マーマレードとバター入りふんわりパン

材料
ぬるま湯　260ml
きび砂糖の粗糖　18ml(14.4g)
強力粉　400g前後
ドライイースト　8ml(6.4g)
塩　4ml(4.8g)
無塩バター　大さじ2
文旦マーマレード(みじん切り。
　90ページの甘夏柑のマーマレード
　と同様に作る)　大さじ3

準備
無塩バターは室温でやわらかくしておく。文旦マーマレードは細かくみじん切りにする。

作り方

1　ボウルにぬるま湯(一度沸騰させたものを30℃くらいに冷ます)を入れ、砂糖を加える。

2　強力粉½量弱を粉ふるいにかけながら加え、泡立て器で混ぜ合わせる。

3　ドライイーストを入れて混ぜ、残りの強力粉を粉ふるいにかけながら加える。さらに塩、無塩バターと文旦マーマレードを加えてこねる。

4　ベタベタの生地だけれど、こねているうちにボウルから離れてまとまってくる。ここまで8分ほどこねてみて、

それでもやわらかすぎるようだったら強力粉を少しふるって加える(加えすぎないように注意する)。
5　てのひらを使って、ボウルの側面に力を入れて押しつけるようにしてまとめる。
6　ビニール袋を二重にした中に入れ、ひもで結んで、約60分、30℃くらいのところで2倍になるまで発酵させる。
7　ビニールの上から押しつぶして袋から取り出しやすいようにまとめてから、ビニール袋をひっくり返して生地を台に取り出し、まとめる。袋についた生地も指先で取る。
8　台の上で生地を軽くこねて丸め、2等分する。それぞれ切り口を内側に巻き込むようにして底を指先でつまんでとじ、丸くまとめる。
9　パンマットに並べ、上にパンマット、ぬれタオル、ビニールの順にかぶせる。そのまま室温で20分おく。
10　生地を台の上に取り出し、指先でつぶすようにして円形にのばし、てのひらでつぶすように手前から巻き、左右を内側に巻き込むようにして丸い形にまとめる。
11　オーヴンシートを敷いた天板に移し、上にキッチンクロス、ぬれタオル、ビニールの順にかぶせ、約30℃のところで40～50分発酵させる。
12　2倍くらいの大きさにふくらんだら、210℃に熱したオーヴンで約18分焼く。焼き上がったら網の上で冷ます。

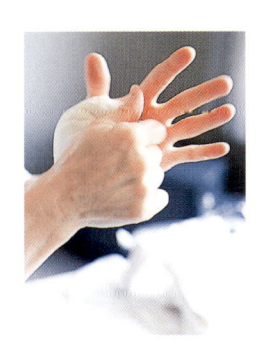

野菜のソースにはまる
牛すね肉とプチトマト、新玉ねぎの赤ワイン煮込み
マッシュトポテト

最近よく作るのが、野菜の甘みを生かしてさらっと仕上げる牛すね肉の煮込み。正統派のビーフシチューなどと比べると、ずっと軽くてあっさりしたタイプの煮込みだが、赤ワインにとてもよく合うし、新玉ねぎとプチトマトのソースは、田舎パンやバゲットと口へ運ぶとなんだかほっとくつろいだ味。秋冬に普通の玉ねぎで作るときは別の風味になるわけで、新玉ねぎの出回っている間は逆に、このみずみずしい野菜の味わいとコトコト煮込んだこくを楽しむ。

時間はかかるけれど、牛すね肉は煮込んでおくと、ゼラチン質の部分がなんともいえないおいしさに変化し、温め直しても肉やソースにこくが増していくので、お客さまのときにもいい。牛すね肉500gは実際、4人分くらいの分量だけれど、せっかく長時間煮むので多めに肉を買ってくる。

あまのじゃくと言われれば確かにそうなのだが、スパイス20種類くらいを合わせて作ったインド風カレーや、ドミグラスソースベースの牛肉の煮込みは、多めに作って冷凍しても、その料理の味と香りの圧倒的な威力のせいか、1か月くらいは冷凍庫に入ったままということがあった。2人分というのが難しい。ところが、このあっさりめの野菜も主役級の煮込みは、続けて食べても飽きない風味で、たくさん煮込んで、冷凍もしないで、食べきってしまいたい家のメニューになったわけなのだ。

牛すね肉とプチトマト、新玉ねぎの赤ワイン煮込み　RECIPE PAGE 65

バゲットはガス火でトーストして
なすのキャヴィア風

秋田の母は初夏にミズという山菜の茎の部分をたたいて粘りを少し出し、焼きみそと木の芽と合わせた、すがすがしい一品を作る。

なすはオリーヴ油でにんにくやトマトのみじん切りを炒めて煮つめるキャヴィア風と呼ばれるオードヴルをたまに作っていた。今日はその和風のヴァリエーションを試してみた。みそとはちみつはほんの少量使う。そばの実の入ったそばみそなどを利用してもいいと思うが、焼きなすに香りづけするくらいで。

バゲットを焼くと、その日の夕食と翌日の朝食に半分は食べてしまうのだけれど、残りは2cm厚さに切って、冷凍しておく。切り分けてあると自然解凍が短時間でできるので、10分くらいおいてから、焦げてもいい割り箸で中央を刺して、ガス火であぶる。ガスの炎の上のほうで、皮目がプチプチと泡立つように白っぽく変化するまであぶる。黒く焦げないように回しながら、軽めに皮の部分全体をあぶるようにする。

自然解凍も長くおきすぎると、乾いて風味が失われるし、あぶりすぎても口あたりがパサッとして、焦げた香りが強くなってしまうので難しい。でも、慣れると、さっと手早く温められて、中身は弾力を残してふんわり、皮目、特に底は香ばしく、歯切れがさくっとよくなるのだ。温め直し方を習得すると、冷凍した自家製パンがぐっと頼もしい存在になる。

なすのキャヴィア風　RECIPE PAGE 66

コート・デュ・ローヌの赤ワインと
鴨のはちみつみそ漬け焼き　かぼす、白髪ねぎ添え

合い鴨1枚を2人でメインとして食べることもあるし、4〜5人で切り分けたものをオードヴルとして取り分けることもある。

合い鴨のほか、地鶏や厚みのある豚ロース肉など、脂身の部分もおいしい肉のかたまりを短めの時間漬け込むと、甘さはあまり前に出ず、みその香ばしさとこくがほのかに肉に移る感じに仕上がって、ワインとよく合うように思う。和食で生鮭やます、かじき、さわらなどを漬け込むときは、はちみつは使わないで、みそを日本酒でのばし、しかもじかではなく、ペーパータオルではさんで漬ける。はちみつは濃度があるものを使っているので、ゆっくり味がしみ込み、漬かりすぎて味が強くなりすぎないのかもしれない。

オーヴンやグリルで焼くと、焼きすぎてしまいがちなのと焦げやすいので、タイミングが難しく、鴨の皮の脂が飛んで後始末がなかなか大変なのが難点。2人分で1枚を焼くときは、ちょうど入るくらいの小さめのふたつき鍋で焼く。余白が多いと、野菜などは加えないので、焦げついて困る。

焼き加減は、合い鴨の厚みや火のぐあいで違うから、自分の家で作るときのタイミングをつかんでおくのが大事だと思う。ポットローストタイプの肉は、焼き上げたかたまりのまま少しおいてから切り分けること。すぐに切り分けると肉汁が流れ出ておいしくない。鍋のまま少しおくので、火がもう少し入ってミディアムレアだったのが落ち着く。その焼き加減を目指して仕上げる。

鴨のはちみつみそ漬け焼きには、こくと甘みがあって香りが大人っぽいコート・デュ・ローヌの赤ワインがよく合う気がする。南西部の赤ワインもいいかなぁ。

私はワインに詳しいほうではないけれど、主人がフランスの地方のワインを味わうのが好きなので、一緒に気楽においしいおいしいと飲んでいる。週末ごとに飲んでいるうちに、このあたりの地方のものとか、ぶどうの種類でいうとカベルネ・フランを使ったものとか、少しずつ自分が好きなワインがわかってくる。そして、料理との相性も、本格的なことはわからなくても、いつも家で作る料理にはこれかこれ……と、少し勘がつかめてくる。組合せによって、料理もワインもひときわ魅力を増して記憶に残ることが多くて、だんだんおもしろくなってきたところなのだ。

鴨のはちみつみそ漬け焼き　かぼす、白髪ねぎ添え　RECIPE PAGE 67

骨つきのラムチョップって、どうしてこんなにおいしいの
ラムチョップのグリル
メークインのドーフィノワ

週末の夕ごはんにしょっちゅうわが家で登場するのが、このラムチョップのグリル。骨つきの肉って、どうしてこんなにおいしいんだろうかと、食べるたびに思う。
ラムチョップは小さいものも入って２〜３本が１パックになっているから、２人分で２パック（合わせて５本）買ってくる。焼く前に容器にオリーヴ油とブルターニュのゲランドの粗塩、黒こしょう、タイム、たっぷりめのローズマリーを入れて混ぜ、ラムチョップを重ならないように上手に並べる。時々上下を返しながら風味をなじませておく。オードヴルを食べはじめたら、グリルに着火し、予熱６〜７分の後、網の上にラムチョップを並べて焼く。表面においしそうな焼き色がしっかりつくまで焼き、裏は火がようやく通るくらいにする。グリルの火力と火からの距離を調節して、なるべく短時間でこんがり焼き上げる。わが家では、切ると中は主にピンクに変わったくらいのミディアムの焼き加減に。初めは、ジューシーな肉の部分をナイフで切り分けながら、おしまいは必ず手に持って、骨にはりついている肉を引きはがすようにして食べる。骨のまわりの肉の香ばしさといったらなくて、赤ワインがすすんでしまう。ブルゴーニュのアロース・コルトンの堂々として力強く、野性味も少し含んだ陽気な赤や、南西部のこくのある赤と合わせるのが好きかなと思う。
時々、豚ロース肉の骨つきの切り身を買って、同じようにグリルするが、太い骨ごとカットしてあって、ポーションが大きい。グリルすると意外にあっさりしていて、特に骨つきの肉はおいしいので、大きくても食べられる、いや、いつの間にか食べきってしまっているのだ。豚肉の場合はローズマリーとタイムのほか、セージも混ぜて漬け込んでおく。
ラム肉のグリルには、ドーフィノワというじゃがいものグラタンを添えてサーヴすることが多い。ドーフィネ地方のスタイルは牛乳と生クリームで煮て、サヴォワ地方になるとチキンストックで煮て、両方とも上にグリュイエールをふって、フツフツと焼き上げる。ごく気軽に作れる料理なので、こくのある味が好きなら生クリームやグリュイエールの分量を増やしたり、煮つめ加減、焼き時間もわが家風に調理していくと、きっと自慢の一品になる。

ラムチョップのグリル　RECIPE PAGE 68
メークインのドーフィノワ　RECIPE PAGE 68

目玉焼きの黄身をソースにして
かぼちゃととうもろこし、赤ピーマン、トマトの蒸し煮 ＋目玉焼き

かぼちゃや生のとうもろこし、赤ピーマンなどの夏野菜を少なめのオリーヴ油で炒め、水は加えないでトマトの水気で蒸し煮にして仕上げる料理。酸味のあるトマトを加えて煮るので、ほうろう製の鍋を選んで作る。水気がなくなってくると鍋底が焦げやすくなるので、終りのころは鍋から離れず、木べらで絶えず返しながら。焦げやすいことでもわかるように、塩だけで引き出せる野菜自体の甘さに驚く。

今日はグリーンアスパラガスと枝豆を加えたが、とりたてのいんげんやなす、プチトマトの代りに完熟トマトを使ってもおいしく仕上がる。春先にはグリーンピースやそら豆、砂糖ざや、秋冬ならゆり根やさつまいももホクホクしていい風味に。

この野菜の蒸し煮は半熟の目玉焼きを添えて、黄身をソースのようにして食べるが、わが家では定番の週末元気回復メニューになっている。私は目玉焼きに目がない。朝食には黄身がトローッと流れるくらいの半熟に焼いて、塩をふっただけでパンと。ご飯のときならしょうゆをほんの少し、またはウースターソースをピリッとかける食べ方もいいなぁと思っている。

ウィークデーの朝食はパンとミルクティー、チーズ、果物というシンプルな構成なので、週末の夕食にパンと赤ワイン、夏野菜の蒸し煮、目玉焼きという組合せがすっかり定着したというわけなのだ。ラングドック地方の赤ワインや、バスク地方のイルーレギと合わせるのが気に入っているが、真夏にほんの少しだけ冷やしたプロヴァンス地方の軽めの赤ワインでいただくのも楽しい。

それから、ぜひ目玉焼きを添えて食べたいのが宇和島のじゃこ天。はらんぼという魚のすり身で作る、ちょっと黒っぽい色で、角のとれた長方形のじゃこ天は、魚のカルシウム分が歯ざわりにそのまま表われているような香ばしさと素朴な風味。もちろん、このままでもおいしいけれど、赤ワインを飲みながら、目玉焼きの黄身をからめて口へ運ぶと、テーブルのまわりの空気がぐっと陽気にはずむ。

かぼちゃととうもろこし、赤ピーマン、トマトの蒸し煮＋目玉焼き　RECIPE PAGE 69

桃が届いたので、ロワールの赤ワインと田舎パンと
日曜日のお昼のメニュー

6月中旬に〝高知のおばちゃんの桃〟が届いた。ごく小さなものから中くらいのものまでいろいろなサイズ、濃いめのシックなピンクから淡いクリーム色、まだ少し薄いグリーンがかった色と、自然な色の桃が自由気ままに並んだ上に、細い緑の葉がついた枝。段ボール箱の上ぶたには、はっかみたいな水色の紙テープでPEACHという文字のコラージュ。送ってくださった松林誠さんのデザインに、今年もまたはっとしてしまう。

このカリカリの小さい桃をオードヴルに食べる。田舎パンはちょうど冷めたところで切り分け、たっぷりめにバターをぬって、初めは少し冷やしたロワールの赤ワインと。次はいつものにんじんサラダ。必ずツナのオイル漬けとゆで卵、オリーヴの実を上にあしらって、フォークでにんじんとあえるようにして、パンといただく。にんじんサラダとパンと赤ワインの組合せは、大学生時代にフランス人の家庭で食べてからすっかり気に入ってしまった。こつはにんじんの風味に合わせて、ヴィネグレットの酸味や甘さ、オイルを加減すること。ムーランでおろして、ジューシーなしっとりした口あたりに仕上げると、パンも赤ワインもとにかくすすむ。

ポトフで煮込んだ牛すね肉は、次の日がまた、とてもおいしい。だから今日はポトフではなく、煮込んだ牛すね肉と澄んだスープをサーヴする。肉は各自切り分けてお皿に移し、グリーンソースと粒マスタードをつけて食べる。冷たいまま切り分けて、ゆでたじゃがいもやチャイヴとヴィネグレットソースであえたサラダも味わい深くて、きっとやみつきになるから、煮込むときは多めの肉を用意するのをおすすめしたい。

今日のデザートは、お昼ごはんの締めくくりなので、ババ・オ・ロム（サヴァラン）を選んだ。夕ごはんの後なら、クレームカラメルとかバナナカスタード、果物をたっぷり使ったあっさりめのシャーベット、アイスクリームのほうがおなかに収まりやすいかもしれないが、サヴァランに時々ぐっとひかれて食べたくなる。

サヴァランの生地は普通、卵とバターを配合したやわらかいたねを発酵させて作る。気泡が大きくてシュワシュワした感触に仕上がるが、イーストの発酵生地の奥行きは少なめ。わが家で焼いている丸パンを使って、ラム酒のシロップをしみ込ませると、こしと弾力がぐあいよく優しく変化して、なかなかきりっと大人なサヴァランに仕上がった。

1人分は半分か$\frac{1}{3}$くらいの分量にして、やわらかく泡立てた生クリームと季節のベリーを添え、ラム酒の酔いをゆっくり楽しむ。

にんじんサラダのオードヴル RECIPE PAGE 70

牛すね肉のポトフ風グリーンソース添え　RECIPE PAGE 71

日曜日のお昼のメニュー

- 高知の小さくてカリカリの桃
- ライ麦粉入り田舎パン＆バター
- にんじんサラダのオードヴル
- 牛すね肉のポトフ風
  グリーンソース添え
- フロマージュ
  （ブリー、グリュイエール24か月熟成、
  エメンタール）
- 凍頂烏龍茶
- ババ・オ・ロム（サヴァラン）
  生クリームのシャンティイ、
  フレッシュブルーベリー添え

ライムとピリッと辛いアリサを添えて
鶏ひき肉のケフタ風

モロッコ料理の子羊のひき肉の串焼きを以前食べて、そのスパイシーな風味にぐっとひきつけられた。子羊のひき肉は手に入りにくいので、豚や牛のひき肉も試した後、鶏もも肉と胸肉のひき肉であっさりめに作り、食べるときに香菜やライムのしぼり汁、アリサでモロッコ風にピリッとした刺激を添えることに。香菜は茎の部分もちぎって使う。クレソンもそうだけれど、新鮮なものは茎もすがすがしくておいしいので、葉と一緒に味わう。

クスクスのときに使うアリサは、とうがらしとにんにく風味のペースト状調味料で、マリネ液に混ぜてラムチョップや鶏肉を漬けてからグリルすると、スパイシーに仕上げられて便利。

中が空洞に焼けたピタパンが鶏ひき肉のケフタ風にはぴったり。ピタパンは焼き色をつけずに白いまま仕上げるが、ふわっとした弾力と懐かしいような香りでいろいろなメニューに合わせられる。

クスクスは大好きなメニューだけれど、クスクスのときは生野菜のオードヴル、クリュディテとグリーンオリーヴを添えるぐらいで、他のオードヴルやパンを用意したりしない。野菜をたっぷり煮込んだスープとクスクスでおなかがふくれるから、ひたすら、夢中になってクスクスに向かうことにしている（2人分というわけにはいかなくて、お鍋いっぱい煮込んでしまうからいけないのだけれど）。

骨つきの鶏肉や牛肉、スパイシーなソーセージを取り合わせて煮ていた時期もあったが、最近は主人と私がいちばん好きな子羊のクスクスに落ち着いている。以前はガルバンゾー豆や大根も加えて煮ていたが、おなかがいっぱいになりすぎるので、オードヴルやパンと同様に削って、今のスタイルに。インスタントクスクスは2人で1カップ強。同量の熱湯を注いで5分蒸らしてから、鍋にオリーヴ油大さじ1を熱して、弱火で4〜5分、木べらで混ぜながらいって仕上げる。

たっぷりのスープと具を深皿に盛ってサーヴして、各自、クスクスを少し取り分けて、このスープの中に入れる。ラムチョップは別のプレートに出して切り分けて、スープに浸ったクスクスや野菜と、アリサをつけて、口へ運ぶ。

鶏ひき肉のケフタ風　RECIPE PAGE 105

赤ワインを加えて煮直した、にしんの棒煮

ソムリエの田崎真也さんが新聞か何かのコラムに、しょうゆを使った和風のメニューはワインと合わせにくいといわれているが、煮込むときにワインを使うと、すっと合わせられると書いていらした。スタイリストをしているころ、山梨県の勝沼のワイナリーの取材のときに、こくのある赤ワインとしょうゆで煮込んだこんにゃくを赤ワインといただいたが、たいそうおいしく、次から次へと皆の手がのびて、たっぷり盛ってあった染付けの鉢が空になった。

これは京都のにしんの棒煮1パック（2切れ入っている）を開けて鍋に移し、こく、酸味、渋味がちゃんとある赤ワインの小1本（375ml）を注ぎ、コトコト煮汁が少なくなるまで煮る。煮汁につけた状態で冷まし、冷蔵庫で一晩おく。黒こしょうを粗めにひいてかけて食べる。赤ワインで煮るとくせがなくて、シックな味わいになり、バゲットやライ麦粉入り田舎パンにバターをぬって、少しずつ切り分けたにしんといただくとよく合う。身欠きにしんから赤ワインで煮てもおいしいかもしれないが、パンと一緒に食べるオードヴルとしては、わが家はほんの少量、2切れあれば充分。手軽に保存のきくパックのにしんの棒煮からささっと作れる一品がうれしい。

ほかにうなぎのかば焼きも冷凍してあるので、たまに、バゲットにたっぷりバターをぬって、かば焼きとスライスオニオンとほろ苦いトレヴィスをはさみ、山椒の粒をひいてふったサンドイッチにしてほおばることもある。でも、相性としては、やはり、たれに赤ワインを加えて煮直したにしんのほうがぐっとよくなっていると思う。

牛すね肉とプチトマト、新玉ねぎの赤ワイン煮込み

材料
牛すね肉(かたまり)　500g
新玉ねぎ　大2個
にんにく　1かけ
プチトマト　14個
サラダ油　大さじ2
赤ワイン　375ml
鶏ガラスープ　250ml
水　250ml
ローリエ　1枚
パセリの茎　1本
セロリの茎　4〜5cm
タイム　少々
黒こしょう　少々
塩　少々
ヴァージンオリーヴ油　適量

作り方
1　新玉ねぎはみじん切り、にんにくはたたきつぶす。プチトマトは皮つきのまま粗く刻む。
2　鍋にサラダ油を熱し、1の新玉ねぎをややブラウンになるまで炒める。1のにんにく、プチトマトも加え、さらによく炒める。ここに赤ワイン、鶏ガラスープ、水、ローリエ、パセリとセロリの茎、タイム、黒こしょう、塩を加え、牛すね肉をかたまりのまま入れる。煮立つまでは強火、煮立ってからは弱火にして2〜3時間煮込む。
3　肉を取り出して、ソースだけさらに30〜40分煮つめる。肉をソースにつけた状態で冷まし、冷蔵庫で一晩(急ぐときは3〜4時間)おく。
4　食べるとき、肉とソースを温める。肉を切り分けてソースをかけ、食べる直前にヴァージンオリーヴ油を回しかける。

memo
さらっとしたソースだけれど、かたまりのまま煮込んだすね肉は、温め直してもとてもいい味。多めに煮ておくことをおすすめしたい。

PHOTO PAGE 49

マッシュトポテト

材料
じゃがいも（メークイン）　4個
牛乳　適量
塩　少々
バター　大さじ1〜2
黒こしょう　少々

作り方
1　じゃがいもは皮をむき、乱切りにして鍋に入れ、水をかぶるくらい注いで煮る。
2　火が通って水気がなくなってきたら、木べらで混ぜながら粉ふき状にし、さらにつぶしていく（鍋底を焦がさないように注意する）。
3　2に牛乳、塩を加えて、マッシュトポテト状に煮上げる。火から下ろし、仕上げにバターを好みの量落とし、黒こしょうを混ぜる。

なすのキャヴィア風

材料
なす　3本
サラダ油　少々
みそ　大さじ1
はちみつ　大さじ1
黒こしょう　少々

作り方
1　なすは皮ごとグリルで外側が焦げるまで焼く（あまり黒く焼くと香りが強すぎるので、やや控えめに）。冷水につけて皮をむき、細かいみじん切りにして、サラダ油を混ぜ合わせておく。
2　みそとはちみつは混ぜ合わせて小鍋に入れ、木べらで混ぜながらさっと火を通す。
3　味をみながら1に2を少量ずつ加え（使う量の目安は小さじ1弱）、混ぜ合わせる。いただくときに黒こしょうをふる。

鴨のはちみつみそ漬け焼き
かぼす、白髪ねぎ添え

材料
合い鴨　大1枚
はちみつ　約1/3カップ
みそ　約1/3カップ
サラダ油　小さじ1
青かぼす　1個
長ねぎ(白い部分)　1本分

作り方

1　はちみつとみそを同量混ぜ合わせたもので合い鴨の上下をまんべんなくおおうようにして4時間ぐらい漬け込む。

2　長ねぎはごく細いせん切りにして冷水にさらし、水気をよくきっておく。

3　合い鴨を取り出し、さっとはちみつみそを洗ってからペーパータオルできれいにふき取る。

4　合い鴨の大きさに合ったサイズの厚手の鍋にサラダ油をのばし、合い鴨を皮目から焼く。焼き色がついたらひっくり返し、裏面にも焼き色をつけ、その後はふたをして、ごく弱火で蒸し焼きにする(わが家ではガス火の上に焼き網をのせ、その上に鍋を重ねて焼いている)。ミディアムレアくらいに火を通す(焼き加減は上から箸で押さえて、弾力でチェックする)。火から下ろした後に余熱でもう少し火が通るので、その分も加減すること。

5　焼き上げた合い鴨を切り分けて皿に盛り、切ったかぼすと**2**の白髪ねぎを添える。

ラムチョップのグリル

材料
ラムチョップ　1人あたり2〜3本
オリーヴ油　適量
粗塩、黒こしょう　各少々
タイム、ローズマリー　各少々

作り方
1　オリーヴ油に粗塩、黒こしょう、タイム、ローズマリーを混ぜ合わせた中に、ラムチョップを並べておく。上下を返して、まんべんなく風味がなじむようにする（2時間くらい）。
2　グリルを充分予熱してから、網の上にラムチョップを並べ、表面にこんがり焼き色がつくまで焼く。表のほうをしっかり焼いたら、裏は色が変わるくらいの焼き加減で、切り分けたときミディアムくらいになるようにする。

memo
ラムチョップは重ならないように並べて、上下を返しながら味をなじませる。

メークインのドーフィノワ

材料
じゃがいも（メークイン）　4〜5個
玉ねぎ　大½個
にんにく　1かけ
バター　大さじ2
牛乳　適量
塩、黒こしょう　各少々
生クリーム　大さじ4〜5
グリュイエール（おろしたもの）
　約大さじ3

作り方
1　じゃがいもは7〜8mm厚さの輪切り、玉ねぎは薄切り、にんにくはたたきつぶす。
2　鍋にバターを熱し、じゃがいもと玉ねぎを透き通るまで、色づかないように炒める。
3　2に牛乳をひたひたに加え、1のにんにく、塩、黒こしょうも加えて、じゃがいもに火が通るまで少し煮込む。
4　3に生クリームを加えて全体を混ぜ、火から下ろしてにんにくを取り除き、グラタン皿へ移す。おろしたグリュイエールをふって、200℃で20分くらい焼く。

かぼちゃととうもろこし、赤ピーマン、トマトの蒸し煮 ＋目玉焼き

材料
かぼちゃ　約200g
新玉ねぎ　1½個
赤ピーマン　2個
とうもろこし(生)　2本
プチトマト　12個
グリーンアスパラガス　5〜6本
枝豆(ゆでてさやから出した豆)
　　　1カップ
塩、黒こしょう　各少々
オリーヴ油　大さじ2
卵　1人あたり1個

作り方

1　かぼちゃはよく洗って皮ごと2.5cmの角切り、新玉ねぎ、赤ピーマンはさいの目切り、とうもろこしは包丁で実の部分だけこそげ落とす。プチトマトは皮ごと粗く刻む。グリーンアスパラガスは3cm長さに切る(根元のほうは縦半分に切る)。

2　厚手の鍋にオリーヴ油を熱し、かぼちゃを入れて薄く色づくまでソテーする。新玉ねぎ、赤ピーマン、とうもろこしを順に加えて炒め、次にプチトマトも加えて炒め、塩、黒こしょうをふって、時々木べらで底を返しながら、ふたを少し開けた状態で蒸し煮にする。グリーンアスパラガスも途中で加える。トマトが煮くずれして水分が出てくるので、水気を飛ばすためにふたはずらしておく。

3　水気がなくなってきたら底が焦げやすいので、気をつけて木べらで混ぜながら枝豆を加えて仕上げる。塩、黒こしょうももう一度ふって味を調える。

4　3に半熟の目玉焼きを添えて、サーヴする。

にんじんサラダのオードヴル

材料（5〜6人分）
にんじん　小6本
〈ヴィネグレットソース〉
赤ワインヴィネガー　大さじ1½
バルサミコヴィネガー　小さじ1
粒マスタード　小さじ½
塩、黒こしょう　各少々
ヴァージンオリーヴ油　大さじ4〜5

トマト　小3個
卵　3個
ツナ（オイル漬け）　大1缶（固形物155g）
オリーヴの実　14個

作り方
1　にんじんはムーランでおろしたようなせん切りにしておく。ムーランがない場合、せん切りにして、おろしたにんじんを少し混ぜ合わせてもいい。
2　ヴィネグレットソースの材料を混ぜ合わせておく。このソースのうち適量で1のにんじんをあえ（味を確かめてから、残りを加減して）、全体に味がなじむように混ぜ合わせる。
3　トマトはくし形切り、卵はゆで卵にして殻をむき、縦二つに切る。ツナのオイル漬けは油をきって粗くほぐす。オリーヴの実も水気を取っておく。
4　皿に2のにんじんサラダを盛りつけ、3の具を上にあしらう。

牛すね肉のポトフ風 グリーンソース添え

材料（4〜5人分）
牛すね肉　800〜1000g
にんにく　1かけ
玉ねぎ　2個
にんじん　1本
セロリ　½本
パセリの茎　1本
ローリエ　1枚
タイム　少々
鶏ガラスープ　200ml
塩、黒こしょう　各少々
〈グリーンソース〉
パセリ（みじん切り）　大さじ2
チャイヴ（みじん切り）　大さじ2
イタリアンパセリ（みじん切り）
　大さじ1
塩、黒こしょう　各少々
ヴァージンオリーヴ油　適量

黒こしょう（粗びき）　適量
粒マスタード　適量

作り方
1　牛すね肉、たたきつぶしたにんにく、半分に切った玉ねぎとにんじん、セロリ、パセリの茎、ローリエ、タイムを大きな鍋に入れ、鶏ガラスープ、具材がかぶるくらいの水を加え、煮立つまでは強火、煮立ってからは弱火にして、コトコト3〜4時間煮込む。
2　1に塩、黒こしょうを加えて調味し、充分に冷ましてからボウルに移し、冷蔵庫で一晩おく。
3　鍋に牛すね肉を戻し、スープをこして加え、温める。玉ねぎやにんじん、セロリはとりおく。
4　グリーンソースの材料を混ぜ合わせる。
5　3の牛すね肉を人数分に切り分けて、深皿に盛る。熱いスープを注いで黒こしょう（粗びき）をふり、グリーンソースと粒マスタードを各自つけていただく。

memo
昼食のために前の晩に煮込んでおく。玉ねぎやにんじん、セロリはとりおき、後でスープに使ったりしていただく。

PHOTO PAGE 60

ババ・オ・ロム（サヴァラン）
生クリームのシャンティイ、フレッシュブルーベリー添え

材料（4〜5人分）
小さい丸パン（12ページ参照）　3個
水　260ml
紅茶の葉（アールグレイ）　大さじ1
グラニュー糖　大さじ4〜5
レモン汁　1/4個分
ダークラム酒　大さじ1
生クリーム　200ml
きび砂糖　大さじ3
ブルーベリー（生。または季節の果物）
　約1カップ

作り方
1　小さい丸パンは縦二つに切る。
2　小鍋に水、紅茶の葉、グラニュー糖を入れて、煮溶かす。一度こしてからごく弱火にかけ、1の丸パンを入れ、両面を30秒ずつ煮る。箸で押さえて全体にしみるように方向を変えて煮る。パンは別の器に取り出して、なるべく重ならないように並べておく。
3　小鍋のシロップを少し煮つめ、火から下ろして冷まし、レモン汁、ダークラム酒を加える。
4　3のシロップを2のパンの上にまんべんなくふりかける。ラップフィルムをして冷蔵庫で一晩ねかせる。
5　生クリームにきび砂糖を加え、六〜七分立てにやわらかく泡立てる。ブルーベリーはさっと洗って水気を取っておく。
6　4のババを皿に盛り、上に5の生クリームをふわっとかけ、ブルーベリーを添える。

骨つきハム、スモークハム&いちじく

シンプルな丸パンか田舎パン、バゲットにバターをたっぷりめにぬって、オードヴルのいちじくとハムをいただくというときには、奮発して上等のハムを買ってくる。東京・青山の紀ノ国屋の骨つきスモークハムやリヨン風ハムは、目の前で切り分けてくれるから、必要なグラム数を伝える。ふっくらやわらかな味わいが魅力的。

いちじくは皮つきのまま二つまたは四つに切ってガラス皿に盛って出し、各自、皮を除いて食べやすく切り分け、バターをぬったパンにのせる。果肉がやわらかい果物は皮をむくとお皿の上でくたっとしてしまうので、各自で皮を取ることに。桃だけはカリカリの歯ごたえのものが好きなので、皮をむいて種の部分を避けるようにそぎ切りにしてガラス皿に並べる。

縁が丸くてしっかり厚みがあるガラスプレートは、アメリカに住んでいるときに6枚セットで買った。車で20分くらいの街のフリーマーケットでこのガラスプレートを目にしたとき、すごくうれしくなったのを覚えている。薄手のガラス皿を集中して使っていた時代があって、今、また、このガラスプレートが粋に感じられ、頻繁にテーブルに出すようになった。わが家のテーブルの上で活躍するアイテムにも流行がある。静かに眠っている時間があったせいか、このプレートのガラスの厚みの、温かさとたっぷりした余裕が今、ひときわすてきに思える。

やさしい味のソースであえて
いちじくとくるみとセロリのシャンパンヴィネグレットあえ

20年以前にロンドンの知人宅で夕食をごちそうになったとき、オードヴルにベルギーチコリとビーツのサラダが出された。ロックフォールチーズ入りのドレッシングであえてあって、大人っぽい風味で印象に残っている。ビーツの甘みと独特のくせを、ほろ苦くパリッとした歯ざわりのベルギーチコリがきりっと支えているような、粋な組合せ方だった。残念ながら、私はロックフォールが苦手なので、オーソドックスなヴィネグレットソースであえてこのサラダを作っている。

優雅な香りと甘さのいちじくに、やや個性の強いセロリ、香ばしくからいりした信州のくるみを、シャンパンヴィネガーを使ったヴィネグレットソースの風味でまとめ、弾力のある自家製バゲットか田舎パンを添える。

ガラス器はアイノー・アアルトがデザインしたもので、製造された年代によって形が少し変わっているらしく、これは穏やかで優しいラインのフォルム。今のものはカチッと強いラインで、底面に文字が入っている。下のテキスタイルはフィンランド製リネンで、砂色とオフホワイトの格子織り柄。使うほどにそのしなやかさ、上品な風合いに気づき、手放せなくなるタイプのリネンだと思う。

いちじくとくるみとセロリのシャンパンヴィネグレットあえ　RECIPE PAGE 106

思い出の味
昔風ヴィシソワーズ

私が大学生のころ、背伸びしてビストロに出かけると、いつも注文したくなったスープがヴィシソワーズ。コンソメの透明のジュレと合わせて、砕いた氷入りのグラスの中に小さいガラス器を重ねてサーヴされたのを覚えている。ヴィシソワーズ風ということで枝豆やかぼちゃの冷たいスープを作ったりしたが、自家製パンにフレッシュバターをぬって、このじゃがいものヴィシソワーズといただくと、パンがとりわけおいしく感じられ、なんだかとても懐かしく、うれしくなってしまう。

リークは手に入りやすくなったので、ヴィシソワーズを作るときには1本買ってきて、せっせと刻む。リークを半分残してもすぐには使いきれないので、わが家のヴィシソワーズはリーク1本に合わせて他の材料の分量を決めるため、全体はたっぷりめの6～7人分ということに。昔はバターでリークを炒めていたが、ちょっとあっさりめのサラダ油に替えたくらいで、あとは昔と変わらない作り方。裏ごしを通したくらいのきめの細かさがちょうどいいので、フードプロセッサーを使うときは、あまり細かくなめらかにすりつぶさないように気をつける。舌の上でじゃがいもの粒がさらっとなじむ感じが、ヴィシソワーズではおいしいと思う。

生クリームは乳脂肪47％のものを好みのこくのぐあいに混ぜて、牛乳で溶きのばす。牛乳については、同じ低温殺菌（例えば65℃で30分というように）のタイプでも、メーカーや生産地によって風味がかなり違う。牛乳だけで飲んだときより、他のものと合わせたときに一体感があるものと後に残るものがあるので、普段時間のあるときに試してみておくといい。

それからヴィシソワーズなど冷たいスープは、塩味を控えめかなというくらいに抑え、食べ終えた後にすっと胃に収まって心地よい状態に。仕上げに上にふるのは、パセリのみじん切りでもなく、チャイヴでもなく、あさつきをごく薄く切ったものが、絶妙のアクセントになって気に入っている。あさつきは切り口のシャープな食感と、きりっと瞬間にヴィシソワーズに加わる格調のあるねぎの香りが魅力的なのだ。大学生のころはチャイヴも万能ねぎも手に入りにくく、レストランやビストロで食べたようにあさつきをふって作っていた。そのころのおいしさが忘れられなくて、今また同じように作るようになったので、「昔風」と家のヴィシソワーズのことを呼んでいる。

乳白のガラス皿は、ずいぶん前になるが北欧雑貨、道具の店「DANSK」のセールのときに数枚買って大事にしているもの。半分凍ってかすんだような半透明の色合いに品があって、何をのせても引き立ててくれる。すりガラス色のガラスボウルはやはり以前買った日本製だが、わが家ではヴィシソワーズを作ると必ずこの器でサーヴする。

昔風ヴィシソワーズ　RECIPE PAGE 107

トーストしたパンの香りを楽しむ
フロマージュブラン＆いちじくのコンフィチュール
＋シナモンスティック

フロマージュブランの上に泡立てた生クリームをふわっとのせ、グラニュー糖をさらさらっとふったフランスの食後は、シンプルで美しい真っ白なデザートだけれど、いちじくのコンフィチュールの大人っぽい香りと、透けるようなシックなピンクを添えた様子もなかなか色っぽくていい。フロマージュブランの白がきれいに目に映るように、クリーム色がかった白のおっとりした陶器に盛りつける。

このシナモンスティックは、バターを入れない生地のパンだからこその、とびきりの香ばしさが魅力。バターを配合しない、フランスパンに近い生地のパンにバターをぬって焼くと、カリカリッとした強めの歯ごたえと、なんともいえない焼けた香りが鼻を刺激する。ごく細長い薄めのトーストを一口味わうと、後をひく。やめられなくなるくらいの香ばしさをぜひ試してほしい。

いちじくは5月末から11月ごろまで、比較的長い期間手に入るし、短時間で煮上げられるので、2～3個の少量を気が向いたときにさっと仕上げている。文旦や甘夏柑のマーマレードは皮を刻むのが大変で根気がいるし、いちごもしっかり煮つめるのに時間が必要で、1時間半はかかると思うが、いちじくなら30分くらいででき上がる。

最近、ル・クルーゼのほうろう鍋の直径18cmのサイズを買ったのだけれど、この鍋がいちじくを煮るのにちょうどいい。直径24cmと22cmを煮込み料理やマーマレード用に使っていて、大は小を兼ねると思ってきたが、やっぱり少ない量を上手に煮込めるサイズも必要なことに気づいた。

10月に入ると、秋田のグリーンの小さいいちじくが出回りはじめる。この種類は特に香りやこくが秀逸で、火を入れると風味がすばらしくなる。焼き菓子やコンポート、コンフィチュールにすると、他のいちじくを使った場合との違いに驚く。秋田でもこの小ぶりのいちじくを甘露煮にしたお菓子がよく知られている。

フロマージュブラン&いちじくのコンフィテュール+シナモンスティック　RECIPE PAGE 108

くるみ入り田舎パンといちじくの組合せ
いちじくのコンフィテュール

信州か岩手の殻つきくるみの殻を割るところから、家のくるみ入り田舎パン作りを始める。薄い皮もそのままパン生地に混ぜてこねてしまうから、焼き上がったパンの切り口は自然な淡い小豆色で、私はこの色合いがとても好きなのだ。奥行きのある深い香り、大人っぽいほろ苦さを含んだほのかな甘みのくるみ入り田舎パンは、さまざまなタイプのフロマージュやオードヴルのメニューをすてきに引き立ててくれる。

朝食のとき、バターをぬって、いちじくのコンフィテュールをのせても、とびきりの相性を感じる。

いちじくのコンフィテュールは、ふわっと半透明がかった甘やかなピンクに煮上がる。くるみ入り田舎パンといちじくのコンフィテュールは、わが家の朝食でも贅沢な香りと風味の組合せで、今、ちょっと気に入っている。

いちじくのコンフィチュール

材料
いちじく　4〜5個
グラニュー糖　皮をむいたいちじくの
　重さの60％の量
レモン汁　1/2個分

準備
いちじくは皮をむいて、粗く刻んで計量する。いちじくの60％の量のグラニュー糖を準備する。ガラス瓶とふたは熱湯で15分くらい煮沸しておく。

作り方
1　ほうろうの小さい鍋にいちじくの果肉、レモン汁、水200mlくらいを入れる。
2　1の鍋を火にかけ、煮立つまでは強火、煮立ってからは弱めの中火でクツクツ煮ていく。途中でグラニュー糖を加える。
3　水分が少なくなってきたら、鍋のそばを離れずに鍋底を木べらで返しながら(焦げつかないように)煮ていく。
4　とろっと濃度がしっかりつくまで煮る。
5　煮沸したガラス瓶に移す。

冷やした白ワインと一緒に
桜えびとサラダごぼうのオリーヴ油がけ

版画家の松林誠さんが、初夏に高知の新鮮な野菜を送ってくださった。その中にとりたてのサラダごぼうがたくさん入っていたので、釜あげ桜えびの新物と合わせて作ってみたら、いつの間にかはまってしまったのがこれ。

サラダごぼう（東京でもこの季節、新ごぼうが出回る）は、さっとひとゆでしただけで、みずみずしくシャキッとした歯ごたえとやさしい口あたりの両方が楽しめる。ヴァージンオリーヴ油で釜あげ桜えびとサラダごぼうをつないで、ライ麦粉入り田舎パンにバターをたっぷりめにぬったものを添えて、冷やしたバスク地方のイルーレギか南仏のカシスの白ワインと一緒に食べる。うまく表現できなくてもどかしいような気がするくらい、想像するより実際に味わって心を動かされる味なのだ。

桜えびのカラッとした香ばしさと、エレガントながら皮目に野性的な香りがしっかりあるサラダごぼうにヴァージンオリーヴ油とパセリがまとわりついて、一体になった感じだろうか。

白い器は昔買ったローゼンタールのスオミのシリーズで、ティモ・サルパネヴァがデザインしたことを後で知った。ティモ・サルパネヴァのほうろうの鍋のデザインが大好きだったので、同じ彼がデザインしているとわかって、うれしかった。というのも、ウィークデーの一人のお昼ごはんは必ずこの器で食べているので、毎日毎日洗ってはふき上げて使い続け、見続けている、なじみの仲間みたいな器だから。

買い足そうかなぁとお店で見たら、今のものはもう少し浅めのフォルムで、縁やカーヴのデザインが少し違っているようだったので、買わないまま迷っているところ。

下に敷いたフランスのティサージュ・ムテ（Tissage Moutet）のキッチンクロスは、泡立て器と文字を軽快な色づかいで織り柄にしてある。13ページも同じメーカーのキッチンクロスで、以前旅行したときに買ったオレンジやピンク、赤のテーブルクロスやキッチンクロスも、独特のはっとするような色づかい、上質の織り地のおかげで使い勝手がよく、愛用しているもの。

桜えびとサラダごぼうのオリーヴ油がけ　RECIPE PAGE 106

シンプルなメニューがごちそうになる
紫玉ねぎとメークインのグリル＋ゆで卵マヨネーズ

すごく凝った料理というわけではないけれど、キャラメル状にとろけた部分がある、あつあつの紫玉ねぎの甘み、メークインのほくほくしていて、控えめながら深い味わいが格別。ヴァージンオリーヴ油と粗塩だけでもおいしいが、刻んだゆで卵と玉ねぎ、みじん切りのチャイヴをマヨネーズであえたものも添えると、シンプルなメニューがごちそうになる。

時間はかかるけれど、オーヴンに入れておくだけだから、ゆっくり楽しむ週末の夕食にぴったり。

普通の玉ねぎより紫玉ねぎのほうが、仕上りの辛みや甘さ、歯ごたえの状態がこのグリルに向いているように思うので、いつも紫玉ねぎで作る。オードヴルなら1人分は½個くらいがちょうどいい。急ぐときは縦半分に切り分けて焼くが、ホールのままほっこり焼くほうがおすすめ。ただ、下の部分から甘い汁が出てキャラメル状にどんどん焦げていくので、アルミ箔を敷いた天板の上に紫玉ねぎを置いて焼く。

ゆで卵マヨネーズのほうは塩を控えめにして、上からヴァージンオリーヴ油をつーっと回しかけ、岩塩をパラッと添え、ナイフで切り分けた紫玉ねぎやじゃがいもにつけて口へ運ぶ。

ライ麦粉入りの田舎パンや蒸気注入して焼いたバゲットにとてもよく合う。今日はちょっと冷やしたマルサネのロゼ（辛口ですっきりしていながらエレガントな風味）と一緒に。

紫玉ねぎとメークインのグリル＋ゆで卵マヨネーズ　RECIPE PAGE 109

85

目の覚めるようなバジルの香り
スープ・オ・ピストゥ風夏野菜の蒸し煮

夏に熱いスープ仕立ての野菜の蒸し煮をいただくと、体にも、うれしいなぁと感じるようなところがある。

スープ・オ・ピストゥは南仏の地方料理で、レストランではテーブル脇にスープの入った大きな器を運び、煮込んだ野菜を盛った深皿ににんにくとフレッシュなバジルの葉で作ったピストゥを落とし、さらに給仕の人が熱めのスープを注ぎ入れてくれた。その瞬間にパァーッと目の覚めるような新鮮なバジルの香りがお皿から立ちのぼった。別にグリュイエールをおろしたものが添えられていて、少し加えてスプーンで混ぜると、スープ全体がとろっと半濁してやさしい味になじむ。白いんげん豆やさやいんげん、玉ねぎ、ズッキーニ、トマトなどを使ったごく家庭的なスープだったが、香りも味も口あたりも、はっとするくらい新鮮な刺激にあふれていたと思う。

白いんげん豆をもどさずに、そのまま水に入れて30分煮るという作り方も気に入っている。ふと思い立って、スープを煮はじめられるのがいい。煮込むのに時間はかかるけれど、これはパンの発酵を待つのと同様、他の仕事をしながら時々様子をチェックすればいいので気楽なのだ。2人分のスープ・オ・ピストゥだったら直径18cmのほうろう鍋でまにあう。一回で食べきれないくらい煮込んでしまうけれど、翌日の昼食にグリュイエールではなく、半熟ゆで卵をのせて、黄身をソースのように混ぜて食べるのもおいしい。

2日目の煮込みや2日目のスープは、1日目とは別の、材料が渾然一体となったこく、香りが魅力的だ。

白地にプレートやグラスの位置をデザインしたランチョンマットは、ストックホルムのショップで2枚だけ買い求めた。テーブルクロスの上に重ねて使うとき、コーディネイトしやすいデザインだと思う。深皿は何気ない形だけれど、スープを注ぎ入れると、家庭的でおいしそうに目に映る。何気なさそうに見えても、実際はフォルムや色のニュアンスがよく考えて作られているせいか、スープ皿というと、いつもこれが一番と取り出してしまう。

スープ・オ・ピストゥ風夏野菜の蒸し煮　RECIPE PAGE 110

フォワ・グラでなくても試してみたい
鶏レヴァーのソテーと小玉ねぎのグラッセ、くるみ入りサラダ

フランスの田舎をのんびり車で回る旅をしているとき、通りかかった街の気取らないレストランやカフェで、その地方の料理、その地方のワインを試してみる。実際にそこで味わうと、力強くてたくましい風味がしっかり記憶に残ると思う。

フォワ・グラではなく、鶏レヴァー（フォワ・ド・ヴォライユ）のサラダは、別々の地方で幾度か味わったが、スイス国境に近いレマン湖畔のレストランで出された一品が忘れられない。サラダ菜やエンダイヴ、トレヴィスなどの葉っぱにトマトのくし形切り、上に小玉ねぎとベーコン、鶏レヴァーのソテーしたものをのせて、ヴィネグレットソースであえてある。冷たくパリッとした葉っぱが熱いレヴァーのソテーとあえられて、ちょうどよくなじんだところを口にすると、レヴァーの火の通し加減、サラダ全体の（温度差のある材料の）合わさりぐあいも決まっていて、「鶏レヴァーのサラダってこんなにおいしい料理なのか」と、一皿食べ終えるまでうっとり夢中になったのを覚えている。その時はサヴォワの軽めの赤ワインを飲んだのだが、今日はシャンパーニュ地方で作られた、ごく軽やかで、みずみずしい口あたりの赤ワイン、コトー・シャンプノワを合わせてみた。

鶏レヴァーは150ｇ入りのパックを買って作る。わが家は２人だから少し多い分量かもしれないが、食べてしまう。グリーンピースや鶏ひき肉などの材料も、たいてい１パック単位で料理することが多い。ベーコンなどは２枚だけ（本当は薄切りではなく、厚みのあるかたまりがほんの少し）必要なのに、困るなぁと思い、次第にこの鶏レヴァーのサラダでは省略するようになってしまった。つまり、おいしい鶏レヴァーをたっぷり味わうことにしたのだ。初めは赤ワインヴィネガーを使っていたが、最近はモデナのバルサミコヴィネガーをふって、からめている。小玉ねぎは前もって準備しておき、レヴァーが焼けるころ、ちょっと小鍋で熱くして、葉っぱやくるみと全体をあえる。ヴィネグレットの味はやや控えめにして、小玉ねぎのグラッセや鶏レヴァーのバルサミコ風味でちょうどよくなるように。くるみの香ばしさ、さやいんげんのあの香りも大事な脇役を務めて、食べはじめると、初めての人もシャンプノワを飲みながら、せっせと夢中でフォークを動かすことになる。

鶏レヴァーのソテーと小玉ねぎのグラッセ、くるみ入りサラダ RECIPE PAGE 111

今年は上出来
甘夏柑マーマレード

毎年、甘夏柑が出はじめると、早い時期にマーマレードを煮ることにしている。甘夏柑などは収穫してからしばらくおいて出荷するそうで、終りのころには、皮に含まれるペクチンが少なくなるのか、とろっとした濃度が出にくかったりする。

今年の甘夏柑はペクチンのぐあいがよかったらしく、簡単に、とろっと煮つめられて、酸味やこくと甘さのバランスがちょうどよく、とびきりの仕上りに。毎年煮ていても、味は素材の甘夏柑に頼るところが大きいのだけれど、今年みたいに上出来だと素直にうれしくてたまらなくなる。だから、こんなふうに毎年繰り返し、ジャムやマーマレード作りに向かいたくなるのかもしれない。

パン焼きもそうだけれど、今日の焼きぐあいはどうかなぁとわくわくしながら仕上りを待つのが、私は好きなのだ。

甘夏柑マーマレードは、小さめの甘夏柑5個を皮ごとよく洗って、放射状に6等分に切り分ける。白い綿のような部分をつけたまま皮をごく薄く切る。中身は袋から出して、種は別に250mlの水につける。皮と身を量って、その重さ（5個分で約1150g）の65％程度のグラニュー糖（約750g）を用意する。種と水は弱火でコトコト煮て、こす。大きなほうろうの鍋に甘夏柑の皮と身、グラニュー糖、かぶるくらいの水を入れてしばらくおいた後、種を煮てこした汁を加えて、煮る。最初は弱火、甘夏柑から汁が出てきたらやや強めにして、透明な部分にしっかり濃度が加わって、大きな泡がゆっくり立ち続ける状態まで煮つめていく。砂糖はグラニュー糖に2割くらいの粗糖（45ページ参照）を合わせると自然なこくが加わり、パンの風味とよく合うように思う。

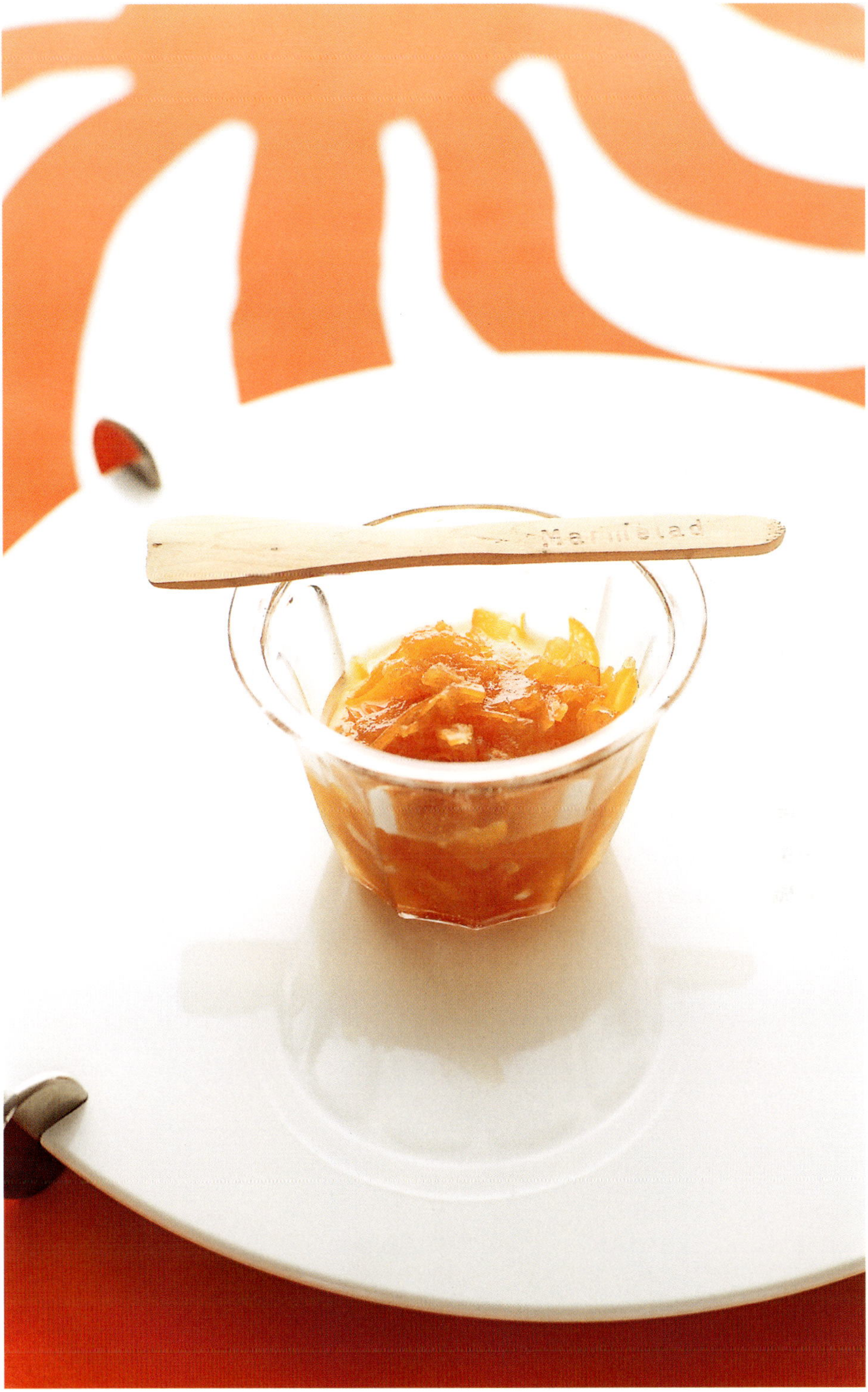

すだちとヴァージンオリーヴ油で
かじきまぐろのグリル＋香菜、アヴォカド、トマトのサラダ

かじきまぐろの切り身は、和食のときはそのまま塩をふって、グリルで焼き、すだちか橙と大根おろしを添えて食べる。週末に洋の組合せで食べるときは、ガラス皿の上にオリーヴ油少量、塩、黒こしょうを落として混ぜ、この上に切り身をのせ、上下をひっくり返して15分ほどなじませてから、グリルで焼く。片面をこんがりおいしそうな焼き色になるまで焼き、裏返したら、あとは火が通る程度にさっと焼くのがこつ。切り身なので、焼きすぎないように気をつけて。外側はきつね色に香ばしく、内側は温度を失わずにジュッとしたところを口へ運ぶ。焼きたてにすだちかかぼすを切ったものを添え、ヴァージンオリーヴ油を好みで少し回しかける。

牛肉を焼いたものをグアカモーレやサルサと小麦粉のトルティーヤで巻いて食べるファヒータスという料理があって、アメリカに住んでいるとき、マンハッタンのメキシコ料理店で決まって注文していた。かじきまぐろのグリルにも香菜、アヴォカド、トマト、玉ねぎのサラダを添えて食べるとよく合うし、ピタパンを焼いてあれば、トルティーヤの代りに添えてサーヴする。

橙やすだち、かぼす、柚子は、たまにだけれど四国産の新鮮なものが10個、15個と1袋に詰められて安く手に入ることがある。ライムやレモンのしぼり汁で作るグアカモーレやサルサも、こういうときは、日本の柑橘類をふんだんに使って作れてうれしくなる。普段は、2個入りや1個だけのものを買って、大事にちょっとずつ使うのだが、最近、橙とかぼすの香りにとても魅力を感じているので、値段が高めなときは売り場でしばらく悩む。

下のクロスも、楕円形の大きなプレートの文字と絵も、よく焼けたパンの皮の色に近いオレンジ色。おいしそうで元気になれそうな色のテキスタイルや食器はテーブルで活躍してくれる。

かじきまぐろのグリル＋香菜、アヴォカド、トマトのサラダ　RECIPE PAGE 112

小さなグラタン皿で
なすとトマトのグラタン

プロヴァンス料理のなすとトマトのティアンは、なすもトマトも輪切りにして作るのだが、なすは輪切りにすると、オリーヴ油をたっぷり使わないと揚げ焼きができない。トマトは真夏の、香りも酸味や甘さもしっかりあるものが出回っているときはいいのだけれど、時々、見た目は真っ赤でとてもおいしそうなのに、切って食べてみると、味のほうはぼーっとぼやけて香りも少なかったりして、がっかりすることがある。それで最近は、甘さだけを強調していない、つまり酸味があって安いほうのプチトマトを買ってきて、これを煮つめてソースを作ることにしている。オリーヴ油ににんにくの香りを移してから、刻んだプチトマト（皮も種も一緒に）を加えて、果肉が煮くずれしてソース状になるまで、煮つめていくだけで、素直にストレートにおいしいなぁというトマトソースができる。

なすもわが家では乱切りにして、オリーヴ油少量で炒めてから蒸し焼きのようにして果肉までやわらかく火を通し、あっさりめに仕上げて、グラタンに使っている。

2人分のオードヴルにちょうどいい、ごく小さなグラタン皿は、スウェーデンのグスタフスバーグ社製。外側の濃いブラウンと内側のおっとりした白のデザインがとてもかわいい。スウェーデンのじゃがいもの細切り（マッチの軸くらいの細さ）とアンチョヴィーのグラタン「ヤンソンス・フレステルセ」もこのグラタン皿で作ったらぴったりじゃないかなというサイズ。

グリュイエールをのせて焼くとフランス風、パルミジャーノ・レッジャーノならイタリア風、マリボーなら北欧風の家庭的な味に仕上げられる。

なすとトマトのグラタン　RECIPE PAGE 113

テーブルクロスの使い方

テーブルクロスは、かけて1週間から10日で次の一枚と交替させる。その間、トレイやランチョンマット、食器の組合せを少しずつ替えていく。組み合わせてみるのがおもしろいのだ。

テーブルクロスは実際に使ってみて、何度か洗っては乾かしてを繰り返さないとわからないことがある。色や柄によっては、和風の夕食のときはいまひとつの相性でも、朝食のときは白いプレートやティーカップを引き立てて、リズミカルで楽しそうなテーブルになったりする。個性的な色づかいのクロスが、週末の料理とワイン、パンの食事にはぴったり合って、一皿一皿がしっかり印象に残ることもある。デザインによって長くかけていて飽きないものと、インパクトが強いせいか4、5日で次のクロスと替えるものも。

買ってすぐのころは、色と色のコントラストが強すぎて、短時間で替えていたクロスでも、洗いざらした後は、どんな食事のときにもすーっと自然になじんで、心地よく使える。ちょうどいい色合い、風合いの時期を過ぎると、生地がへたってきて薄くなり、普通に洗濯して半乾きでアイロンをかけてもきりっとしなくなる。そうなったら、それまでは使わなかった糊を少しきかせるという手がある。

これはエリッサ・アァルトがデザインしたテキスタイルだが、白地に濃紺の線の柄が涼しげで軽快な印象。こういう白地のクロスの場合、上に小さいトップクロスや帯状のランナーを重ねて1週間使ってから、その後、下のクロスだけで、トレイやお盆を重ねて1週間という使い方をしている。小さいトップクロスやテーブルランナーは、例えばグレーの無地だったり、濃紺の麻地だったり、しみが目立たない色や、ものをこぼしても下にすぐに通さない織り方や生地のものを選ぶが、共布で作っておいても小さいから、洗濯を気楽に繰り返せる。

トレイは大活躍

いろいろなテーブルクロスをかけての食事には、トレイが大活躍する。家では、ステンレスやガラス、木、陶、漆塗りのものなど、さまざまな材質のトレイ、お盆がいつの間にか数を増やしている。
ステルトン社のステンレス製のトレイも、両側に持ち柄がついているもの、小さめの柄なし、大きめで柄なしで下にコルク台がセットされたものなどがある。買ってからずいぶん年月がたったせいか、細かい傷がついて光り方が優しくなってきた。使ってみると、ピカピカのころより、何をのせてもなじんで温かい様子なので、私はこのくらいの表情になったほうが好きだなぁと思っている。
シンプルなガラスのトレイは透明なので、どんなテーブルクロスとも合わせられるし、長方形のアクリルのトレイは、軽くて持ち運びが楽なので、出番がとても多い。
和食の日、特に日本酒を飲むときは、銘々に漆塗りのお盆が欠かせない。ダイニングルームの、すぐ手に取れる棚にお盆が収まってある。
けやきのくりぬき盆やデンマーク製のチーク楕円トレイも、サイズ違いを持っているので、パンや紅茶のポットを運ぶとき、パンにぬるバターやはちみつ、ジャム、マーマレードのガラス器を並べるときに重宝している。冷たいミルク入れなどは、底に水滴がついて下がぬれやすいし、ジャムやマーマレード、ソースなどは取るときにこぼしてしまったりするので、ワンクッションあると心強いのだ。
このチークのトレイはデンマークのイェンス・H・クィストゴー（Jens H.Quistgaard）のデザインで、小さいサイズを持っていたのだが、昨年、いちばん大きいサイズで、木目がおっとりした雰囲気のものを見つけて買い求めた。かなり大きいとは思っていたが、使ってみると朝食のセットが一度に運べて、非常に使い勝手がよいことがわかった。しっかり安定感があって頼もしいトレイだと思う。

お正月だって朝食は家(うち)のパン

わが家では、いつのころからか、元旦に起きて食べるのは、自家製パンとミルクティーのいつもの朝食になった。

というのも、車で20分ほどの実家にお昼すぎごろ行って、両親や弟、妹の家族とわいわいがやがやとおしゃべりしながら過ごすので、朝、お雑煮とお酒をいただいてしまうと、なかなかスムーズに行動に移れないから。二人ともお雑煮が大好きで、燗(かん)をつけた日本酒を飲みながら神茂の「御蒲鉾」と黒豆、大根と柚子のせん切りあえ、お煮しめなどをつまみ、ゆっくりという夕食を楽しむようになったわけなのだ。

元旦の朝食は、シンプルな丸パンか、冬場だから仕上げの発酵をじっくり丁寧にして焼いた食パンと、お正月用にちょっと贅沢な茶葉のダージリンのミルクティー（ダージリンもミルクでいただく。家で使っている千本松牧場牛乳は、ダージリンの香りも粋に引き立ててくれる）、フレッシュないちご。そして食後に冷たい小豆のお汁粉を少し。暮れのうちにお汁粉を煮てあるので、夜まで待てなくて食べることが多い。

テーブルには染色家の横山朋子さんが染めた「編む」という柄の麻のクロスをかける。濃紺とキャラメルブラウン、地の生成りっぽい白のラインが大胆に交差し、色が重ね合わさったデザインに、はっと気持ちを動かされる。きっぱり潔い形、深くて格調のある色が印象的なテーブルクロスの上に、ステンレスのトレイ、白いプレートとティーカップを置くと、いつもと違ったお正月らしい朝食の時間が流れる。

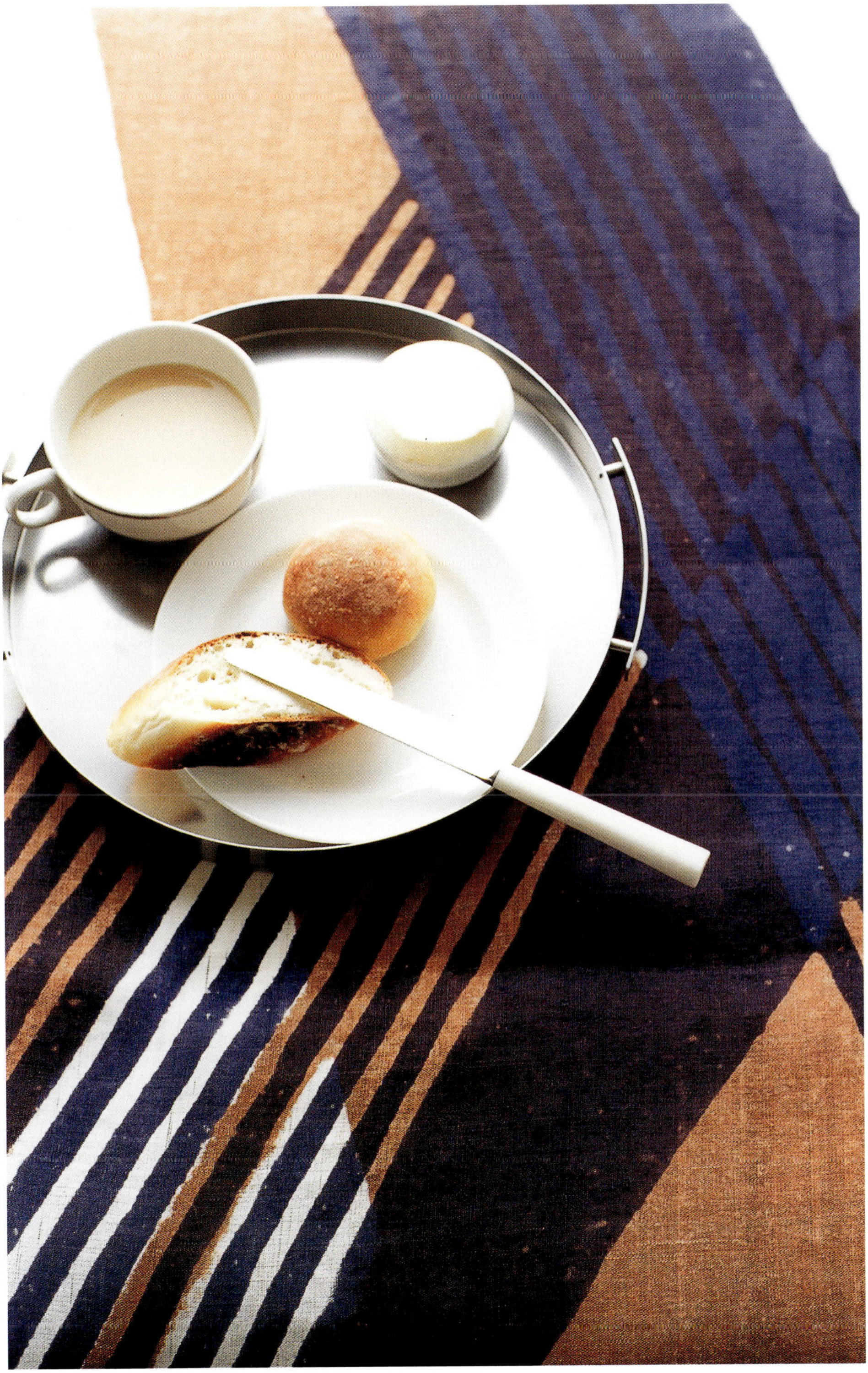

食事のときに食べるなら
ライ麦粉入り田舎パン

最近はフランスパン専用粉も、パリジェンヌやフランスなど今までに買っていた種類のほか、フランス産の粉など、ややベージュがかったこくのある粉も手に入るようになったし、ライ麦粉もひき方の違うタイプが出回っているので、細びき (fine) を買ってライ麦入りパンを焼いている。

いつものカメリア粉の田舎パンも、じっくり発酵させて焼き上げるとかぐわしい香りと奥行きのあるいい風味で気に入っているのだけれど、粉の10％ほどを細びきライ麦粉に替えて同じように焼くと、素朴なこくが加わって、本来の田舎パンの味に近くなる。さらに、ライ麦粉を15％、20％と変化させて、しっとり重めの口あたりにしてもいいし、このまま蒸気注入して焼くと、ドイツのブレッチェンやデンマークのカイザーロールタイプの軽快なパンに焼き上がる。

せっかく蒸気注入するならカメリア粉ではなく、フランスパン専用粉にライ麦粉を合わせた生地で作ったらより本格的。ただ、私の腕の力だとフランスパン専用粉500gはきついので、380gの配合にしたほうがちゃんとこねられる。

家の小さいオーヴンで蒸気注入するには、1回ごとに小石を約20分カンカンに熱しないといけない。2回繰り返すと後の生地は発酵オーバーになりやすいし、何より全体で5時間以上かかってしまうのが難点なのだ。それで1回目は蒸気注入して、2回目はそのまま焼くという方法もやってみてはいるが……。やはり、家でのパン焼きはあまり無理はしないほうが、毎週焼き続けられる。おいしくて、外で売っていないタイプの家のパンが毎日食べたいから、こうして飽きもせず20年以上焼き続けているのだと思う。

この本では食事のときに食べるパンということで、家のスタイルの田舎パンをおすすめしたいと思う。冷凍する場合はトースターに入る厚さに切り分けて。朝食のときはそのままカリッときつね色にトーストするか、自然解凍して100℃で2〜3分温める。夏ならすぐに自然解凍できるが、少しでも温めすぎると表面が乾燥して味わいが少なくなってしまう。いずれにしても、せっかく家で一生懸命焼いたパンと思うと、できるだけおいしく食べたくて、あれこれ工夫してみることになるのだ。

101

ライ麦粉入り田舎パン

材料
ぬるま湯(30℃)　350ml
きび砂糖の粗糖　18ml(14.4g)
　強力粉　450g
　ライ麦粉
　　(最も細びきのライ麦全粒粉)　50g
ドライイースト　12ml(9.6g)
塩　8ml(9.6g)
上新粉　適量

作り方

1　ボウルにぬるま湯(一度沸騰させたものを30℃くらいに冷ます)を入れ、砂糖を加える。

2　強力粉とライ麦粉の½量弱を粉ふるいにかけながら加え、泡立て器で混ぜ合わせる。

3　ドライイーストを加えて混ぜ、残りの粉類を粉ふるいにかけながら加え、塩を加えてこねる。

4　手を使って、乾いた粉の部分をべたべたの部分にまとめるようにしながらこねていくと、だんだん一つにまとまってくる。

5　てのひら(特に親指のつけ根のあたり)を使って、生地をたぐるように、ボウルの側面に力を入れて押しつけるようにして10分間こねると、きめが

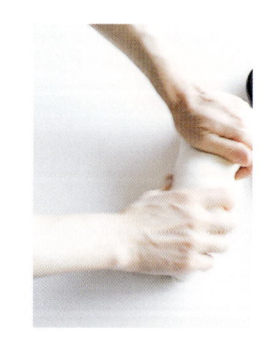

細かくなめらかになってひとまとまりになる。途中、ボウルの側面についた生地をこすり取りながら行なう。

6　ビニール袋を二重にした中に入れ、ひもで結んで、約60分、30℃くらいのところで2倍になるまで発酵させる。

7　ビニールの上から押しつぶして袋から取り出しやすいようにまとめてから、ビニール袋をひっくり返して生地を台に取り出し、まとめる。袋についた生地も指先で取る。

8　台の上で生地を軽くこねて丸め、2等分する。それぞれ切り口を内側に巻き込むようにして底を指先でつまんでとじ、丸くまとめる。

9　パンマットに並べ、上にパンマット、ぬれタオル、ビニールの順にかぶせる。そのまま室温で20分おく。

10　生地を台の上に取り出し、指先でつぶすようにして円形にのばし、てのひらでつぶすように手前から巻き、左右を内側に巻き込むようにして丸い形にまとめる。

11　まわりに上新粉をまぶしつけ、オーヴンシートを敷いた天板に移す。

12　上にキッチンクロス、ぬれタオル、ビニールの順にかぶせ、約30℃のところで40～50分発酵させる。

13　2倍くらいの大きさにふくらんだら、オーヴンを予熱し、この間によく切れるペティナイフでクープ（切れ目）を入れる。210℃に熱したオーヴンで18～20分焼く。途中、しっかり焼き色がついた部分に上面が焦げないようにアルミ箔をたたんでかぶせ、他の部分も均一に濃いきつね色に焼く。

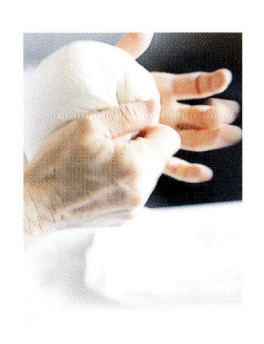

皮が主役の文旦マーマレードと田舎パンのトースト

朝食のときは、田舎パンのトーストに穏やかでこくのあるはちみつや、ほろ苦くてきりっと上品な香りの文旦マーマレードをぬって食べる。

家の文旦マーマレードは皮の部分が主役で、透き通った淡い黄色の皮の間に、トローッと透明に光る部分がからまっている状態。ぬるというよりも、スプーンでキラキラ光っているような皮をすくって、バターが黄金色にしみたトーストの上にのせて口へ運ぶ。

いちじくやいちごのコンフィチュールはもう少しやわらかな口あたりに仕上げるが、文旦、甘夏柑、あんずはしっかりめに煮上げる。濃度がついてキラッと輝くような状態になるまで煮つめるのが、毎年煮るうちに覚えた勘所かもしれない。

瓶に詰めて一晩おいて、皮と透明な部分が、吸い込まれるようにマットな様子だと煮つめ方が不足で、香りや風味もぽーっとしていまひとつなので、もう一度煮つめ直すことも……。

きりっと光るように仕上げた文旦マーマレードなら、格別な香ばしさの田舎パンのトーストとぴったりつりあう。この組合せは、外で買ってきてかなうものではないから、せっせと田舎パンを焼き、マーマレードを季節にたくさん作っておきたくなるのだ。

鶏ひき肉のケフタ風

材料
鶏ももひき肉　120g
鶏胸ひき肉　120g
玉ねぎ　½個
パセリ(みじん切り)　大さじ1
卵　1個
強力粉　大さじ2
クミン(パウダー)　小さじ½
コリアンダー(パウダー)　小さじ¼
シナモン(パウダー)　ほんの少々
塩、黒こしょう　各少々
サラダ油　大さじ2〜3
ライム　適量
香菜　適量
アリサ(とうがらしの調味料)　適量

作り方
1　玉ねぎのみじん切りとパセリのみじん切りに卵、強力粉、クミン、コリアンダー、シナモン、塩、黒こしょうを加え、箸で全体を混ぜ合わせる。ここに鶏ひき肉を加え、手でこねるようにして混ぜる。
2　フライパンにサラダ油を熱し、**1**を均一に広げて、こんがりきつね色に焼き色をつける。裏返して同様に焼き、全体に火が通るようにする。
3　香菜はおおまかにちぎっておく。ライムは細いくし形切りにする。焼きたての熱い**2**にライム、香菜、アリサを添えて食べる。

memo
一つのボウルで仕込んで、フライパンで大きく焼いて、切り分けて、でき上り。とっても簡単なので、忙しい日にぴったり。

いちじくとくるみとセロリの
シャンパンヴィネグレットあえ

材料
セロリ　2本
いちじく　大2個
くるみ（殻つき）　5個
A ｜ シャンパンヴィネガー　大さじ1
　｜ 粒マスタード　小さじ1/4
　｜ 塩、こしょう　各少々
　｜ マヨネーズ　小さじ1
ヴァージンオリーヴ油　約大さじ2

作り方
1　セロリは細い短冊切り、いちじくは皮をむいて薄いくし形切り、くるみは殻から出して粗く砕き、小鍋でからいりする。
2　Aを小さい瓶などに入れて、振ってよく混ぜる。
3　1の材料の上にヴァージンオリーヴ油をすーっと回しかけ、2を少量ずつ加えてちょうどいい味になるように、味をみながらあえる。

桜えびとサラダごぼうの
オリーヴ油がけ

材料
釜あげ桜えび　70g
サラダごぼうまたは新ごぼう　小3本
ヴァージンオリーヴ油　大さじ1〜2
粗塩、黒こしょう　各少々
パセリ（みじん切り）　約大さじ3

作り方
1　サラダごぼうは細めの短冊切りにし、さっとゆでて、ざるに上げる。桜えびはさっと熱湯に通し、ざるに上げる。
2　1のごぼうの上に桜えびをのせ、上からヴァージンオリーヴ油を回しかけ、粗塩、黒こしょうをふって、パセリのみじん切りを散らす。

昔風ヴィシソワーズ

材料
〈じゃがいもとリークのピュレ〉
じゃがいも　大4個
リーク　大1本
サラダ油　大さじ2
鶏ガラスープ　200ml
塩、こしょう　各少々
パセリの茎　3〜4cm
(上記のピュレの1/3量に対して)
生クリーム　大さじ3〜4
牛乳　適量
あさつき　3〜4本

作り方
1　リークはよく切れる包丁で薄い輪切りにする。じゃがいもは皮をむいて1cm厚さに切る。
2　鍋にサラダ油を熱し、1のリークを入れて、しんなりするまで炒める。じゃがいもも加えてさらに炒め、鶏ガラスープ、パセリの茎を加え、水を材料がかぶるくらい加えて、煮立つまでは強火、煮立ってからは弱火でコトコト煮込む。塩、こしょうで軽く味を調え、リークとじゃがいもがやわらかく煮くずれするまで煮たら火から下ろす。パセリの茎は取り除く。
3　2を3〜4回に分けてフードプロセッサーですりつぶす。もう一度、塩味を控えめに調える。氷水に器ごとつけて冷やし、すっかり冷めたら冷蔵庫で食べる直前まで冷やしておく。サーヴするガラス器はフリーザーで冷たくしておく。
4　食べる前に生クリームを加え、牛乳を加えて、食べやすい濃度になるまで溶きのばし、器に注ぎ分ける。あさつきのごく薄い小口切りを上にふってサーヴする。

フロマージュブラン&いちじくのコンフィチュール＋シナモンスティック

材料（1人分）
スティックパン　1本
無塩バター　大さじ1
シナモン（パウダー）　小さじ½
グラニュー糖　小さじ1
フロマージュブラン　大さじ2〜3
生クリーム（あれば）　適量
いちじくのジャム　好みの量

作り方
1　スティックパンは縦半分に切り分ける。切り口に、弱火で焦がさないようにとかした無塩バターをぬる（まんべんなく均一に薄めにバターをしみ込ませるためには、そのままぬるより、はけか割り箸にコットンを巻きつけたものでぬったほうが仕上りがいい）。
2　シナモンとグラニュー糖を合わせておき、とかしバターをぬった1の上にまんべんなくふりかける。オーヴンかオーヴントースターでこんがりトーストする。
3　フロマージュブランをすくった上に、あれば生クリームをちょっとかけ、各自、好きな量のいちじくのコンフィテュールをのせ、2のシナモンスティックを添えて食べる。

memo
フロマージュブランの代りに、コーヒー用のろ紙などで水きりしたプレーンヨーグルトを用いることもある。スティックパンの代りにはバゲットの薄切りを。

紫玉ねぎとメークインのグリル ＋ゆで卵マヨネーズ

材料
紫玉ねぎ　1人あたり½〜1個
じゃがいも（メークイン）
　　1人あたり1〜2個
〈ゆで卵マヨネーズ（3〜4人分）〉
卵　2個
紫玉ねぎ（みじん切り）　大さじ2
チャイヴ（みじん切り）　大さじ2
マヨネーズ　約大さじ2
塩、黒こしょう　各少々

ヴァージンオリーヴ油　適量
岩塩　適量

作り方
1　紫玉ねぎは皮をつけたままアルミ箔を敷いた天板にのせ、200℃に熱したオーヴンで1時間30分焼く。
2　じゃがいもは皮をむかずに洗って水気をふき取る。1の紫玉ねぎをオーヴンに入れて45分たったら、天板にじゃがいもを入れて、残り45分を一緒に焼く。
3　卵は沸騰してから弱火にして5〜6分の半熟ゆで卵にし、冷水につけて冷ます。殻をむいて、白身を粗く刻む。黄身はそのまま加えてOK。
4　紫玉ねぎのみじん切りは、冷水に少しさらしてから、かたく絞っておく。
5　3と4、チャイヴのみじん切りをマヨネーズ、塩、黒こしょうであえる。
6　あつあつの紫玉ねぎとじゃがいもにゆで卵マヨネーズとヴァージンオリーヴ油、岩塩をつけていただく。

スープ・オ・ピストゥ風 夏野菜の蒸し煮

材料
白いんげん豆（乾燥）　1カップ
玉ねぎ　1個
ズッキーニ　1本
赤ピーマン　2個
プチトマト　12個
にんにく　1かけ
鶏ガラスープ　200ml
パセリの茎　4〜5cm
さやいんげん　12本
じゃがいも　大1個
塩、黒こしょう　各少々
グリュイエールまたは
　　　パルミジャーノ・レッジャーノ　適量
〈ピストゥ〉
にんにく　小1かけ
塩　少々
バジルの葉（生）　10〜12枚
ヴァージンオリーヴ油　約大さじ2

作り方
1　白いんげん豆はさっと洗い、そのまま鍋に入れて、かぶるくらいの水を加え、煮立つまでは強火、煮立ってからは弱火にして、コトコト30分くらい煮込む。
2　玉ねぎ、ズッキーニ、種を除いた赤ピーマンは1.3cmの角切り。プチトマトは皮つきのまま粗く刻む。にんにくはたたきつぶす。
3　1の鍋に2と鶏ガラスープ、パセリの茎、塩を加えて、1時間以上コトコト煮る。2〜3cm長さに切ったさやいんげん、皮をむいてさいの目切りにしたじゃがいもも加え、やわらかくなるまで煮る。野菜にひたひたのスープがなじんだくらいになったら、黒こしょうを加えて仕上げる。
4　ピストゥを作る。すり鉢でにんにくと塩をすりつぶし、バジルの葉を加えて、なめらかになるまですりつぶし、ペースト状にする。これにヴァージンオリーヴ油を加えて溶きのばす。
5　ピストゥは食べる直前にスープひたひたの野菜の蒸し煮に混ぜる。深皿に蒸し煮を½量くらい先に盛って、ここにピストゥを落とし、軽く混ぜてから、熱くしたスープと共に残りの野菜を入れる。テーブルで各自、好みでおろしたグリュイエールかパルミジャーノ・レッジャーノを混ぜていただく。

memo
プロヴァンス地方のスープ・オ・ピストゥは、もう少しスープたっぷりに仕上げ、ピストゥをお玉1杯分くらいのスープでのばしてから、サーヴする分のスープと混ぜて器に注ぎ分ける。野菜の蒸し煮はたっぷりめに煮込んでおいたほうがおいしいので、この分量はたぶん6〜7人分はあると思う。

鶏レヴァーのソテーと小玉ねぎのグラッセ、くるみ入りサラダ

材料
鶏レヴァー 150g
　サラダ油 大さじ2
　塩、黒こしょう 各少々
　バルサミコヴィネガー 大さじ1½
小玉ねぎ 10個
　サラダ油 大さじ1
　グラニュー糖 ひとつまみ
　塩 少々
さやいんげん 100g
サラダ用の葉(エンダイヴ、スカロール、
　ミックスハーブなど) 適量
チャイヴ 10本
くるみ(殻つき) 8個
黒こしょう 少々
〈ヴィネグレットソース〉
バルサミコヴィネガー 大さじ½
赤ワインヴィネガー 大さじ½
塩、黒こしょう 各少々
辛口マスタード 小さじ⅓
ヴァージンオリーヴ油 大さじ3

作り方
1　鶏レヴァーは流水につけて、血抜きをする。クリーム色の脂や筋を除き、食べやすいサイズに切り分ける。

2　小玉ねぎは皮をむいて半分に切る。小鍋に入れ、ひたひたにかぶるくらいの水、サラダ油、グラニュー糖、塩を加えて、水分がなくなるまで煮る。仕上げは鍋を揺すりながら、少しキャラメル状に色づくまでソテーし、水気を飛ばす。

3　さやいんげんはゆでて、3cm長さくらいに切る。サラダ用の葉は洗って水気を取る。チャイヴは2〜3cm長さに刻む。くるみは殻から出して粗く砕き、小さい鍋でからいりする。

4　ヴィネグレットソースの材料をよく混ぜ合わせておく。

5　1の鶏レヴァーはペーパータオルで充分に水分をぬぐう。フライパンにサラダ油を熱し、鶏レヴァーをひっくり返しながら火が通るまでソテーする。塩、黒こしょうをふり、バルサミコヴィネガーを注いでレヴァーにからめて仕上げる。

6　3の上に2と熱い5のレヴァーをのせて、4のソースであえる。器に盛り、黒こしょうをふる。

かじきまぐろのグリル
＋香菜、アヴォカド、トマトのサラダ

材料
かじきまぐろ　2切れ
　（1人あたり1切れ）
塩、黒こしょう　各少々
オリーヴ油　約大さじ1

玉ねぎ（みじん切り）　大さじ3〜4
プチトマト　8個
塩、黒こしょう　各少々
ヴァージンオリーヴ油　大さじ1
アヴォカド　½個
すだちのしぼり汁（レモン汁でもいい）
　適量
香菜　適量

すだち　1個

作り方
1　かじきまぐろは、オリーヴ油に塩、黒こしょうを混ぜた上にのせ、上下を返して味をなじませておく。
2　プチトマトは3〜4等分に切る。玉ねぎとプチトマトに塩、黒こしょう、ヴァージンオリーヴ油を混ぜておく。
3　かじきまぐろをグリルでこんがり焼き上げる。初めこんがり、しっかりめに焼いてから、ひっくり返したら裏面は火が通る程度にし、焼きすぎないように注意する。
4　皮をむいて2cm角に切ったアヴォカド、すだちのしぼり汁、香菜を2に加えて混ぜ合わせる。
5　焼き上がったかじきまぐろに、半分に切ったすだちと、4のサラダを添える。
memo
玉ねぎは、辛さが気になるときはみじん切りにしてから冷水につけてかたく絞って使うが、春から初夏にかけての新玉ねぎならそのまま使う。

なすとトマトのグラタン

材料
なす 3本
オリーヴ油 大さじ1½
塩、黒こしょう 各少々
グリュイエール 適量
〈トマトソース〉
プチトマト 12個
にんにく ½かけ
オリーヴ油 大さじ1
塩、黒こしょう 各少々

作り方
1 先にトマトソースを作る。プチトマトは皮つきのまま二つに切り、さらに3〜4等分に切るようにして粗く刻む。にんにくは芯を除いて、薄切りにする。
2 小さい鍋にオリーヴ油を入れ、にんにくを薄く色づくまで弱火で炒める。ここに刻んだトマト、塩を加えて、木べらで底を返しながら、水気がなくなるまで煮つめてソースを作る。仕上げに黒こしょうを加える。
3 なすは大きめの乱切りにして、熱したオリーヴ油でソテーし、ふたをして蒸し焼きにする。
4 グラタン皿に3のなすを入れ、上にトマトソースを広げ、スライサーで薄く削ったグリュイエールをのせる。200℃に熱したオーヴンで約20分焼く。

memo
なすの切り方、炒め方を工夫して、オリーヴ油をやや控えめに、あっさり仕上げているのがポイント。グリュイエールをのせて焼くとフランス風。

堀井和子　ほりい・かずこ

1954年、東京生れ。上智大学フランス語学科卒業。料理スタイリストとして活動後、ニューヨーク郊外で3年間暮らす。シンプルで気ままな料理をはじめ、パン、お菓子作り、センスあふれるスタイリングで人気が高い。写真やイラストも手がける。本書のメニューは、前著『うちで焼く丸パン』に登場するパンとともに楽しめるものを、と企画した。著書に『テーブルのメニューABC』『堀井和子の1つの生地で作るパン』『和のアルファベットスタイル』『うちで焼く丸パン』(以上文化出版局)をはじめ、『家をめぐる冒険』(幻冬舎)など多数。

撮影　公文美和

ブックデザイン　若山嘉代子　L'ESPACE

パンに合う家(うち)のごはん

2007年11月5日　第1刷発行

著　者　堀井和子
発行者　大沼　淳
発行所　文化出版局
　　　　〒151-8524　東京都渋谷区代々木3-22-7
　　　　電話　03-3299-2479（編集）
　　　　　　　03-3299-2540（営業）
印刷・製本所　凸版印刷株式会社

©Kazuko Horii 2007
Printed in Japan

本書の全部または一部を無断で複写（コピー）することは、著作権法上での例外を除き、禁じられています。
本書からの複写を希望される場合は、
日本複写権センター（電話03-3401-2382）にご連絡ください。

お近くに書店がない場合、
読者専用注文センターへ　0120-463-464
ホームページ　http://books.bunka.ac.jp/

THÉ

N DE CAMPAGNE

MIEL

CONFITURE

LAIT

Break